Dr. DIETHARD STELZL

BOTENSTOFFE mit
 KOSMISCHEN SYMBOLEN aktivieren

GLÜCK und GESUNDHEIT mit jedem Schluck

ISBN 978-3-8434-5092-8

Dr. Diethard Stelzl
Botenstoffe mit kosmischen Symbolen aktivieren
Glück und Gesundheit mit jedem Schluck
© 2014 Schirner Verlag, Darmstadt

Umschlag: Murat Karaçay, Schirner,
unter Verwendung von #48718870 (Lava Lova),
#3831633 (amandare) und #35109981 (siro46),
www.fotolia.com
Satz: Heike Wietelmann, Schirner
Redaktion: Heike Wietelmann &
Bastian Rittinghaus, Schirner
Printed by: ren medien, Filderstadt, Germany

www.schirner.com

1. Auflage Januar 2014

Alle Rechte der Verbreitung, auch durch Funk, Fernsehen
und sonstige Kommunikationsmittel, fotomechanische oder vertonte Wiedergabe
sowie des auszugsweisen Nachdrucks vorbehalten

INHALT

Danksagung 5

Einführung 7
Was sind Botenstoffe? 15
  Begriff und Bedeutung 15
  Hormone und Neurotransmitter 16
    Hormone als körpereigene Signalstoffe 16
    Neurotransmitter als endogene
    Botenstoffe des Gehirns 18
Wo kommen Botenstoffe vor? 21
Wie wirken Botenstoffe? 29
Welche Botenstoffe werden gebraucht? 39
  Die Einmaligkeit jedes Menschen 39
  Das Austesten des richtigen Botenstoffes 41
    Allgemeines 41
    Die individuelle Körpersprache 43
    Kinesiologische Methoden 46
    Kommunikation mit Pendel und
    Einhandrute/Biotensor 48
  Welche Symbole sind zu verwenden? 52
    Einteilung nach Dimensionen 52
    Symbole der Botenstoffe 53
    Die Arbeit mit einem Testbogen 57
    Einzelne Beispiele der praktischen Anwendung ... 61
    Abnehmen mit den richtigen Botenstoffen 82
Ausblick 87

Über den Autor 91
Anmerkung und Hinweis 93

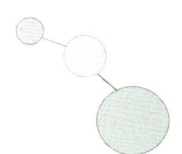

DANKSAGUNG

Die Bedeutung von Botenstoffen, Hormonen und Neurotransmittern für den menschlichen Organismus wird sowohl von der Wissenschaft als auch in der breiten Öffentlichkeit zu wenig gewürdigt. Deshalb bin ich Heidi und Markus Schirner dankbar, dass sie mir die Gelegenheit geben, über diesen Sachverhalt zu schreiben.

Mein besonderer Dank gilt, wie immer, meiner Frau Gerlinde Stelzl-Hartmann für ihre Geduld und ihr Verständnis sowie meiner Assistentin Martina Oberdorfer für ihre wertvolle Unterstützung.

Ihnen, liebe Leserin, lieber Leser, wünsche ich von Herzen viel Freude bei der Beschäftigung und der praktischen Umsetzung der Inhalte dieses Buches und positive Erfahrungen für Ihr Leben.

Ihr
Diethard Stelzl

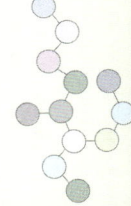

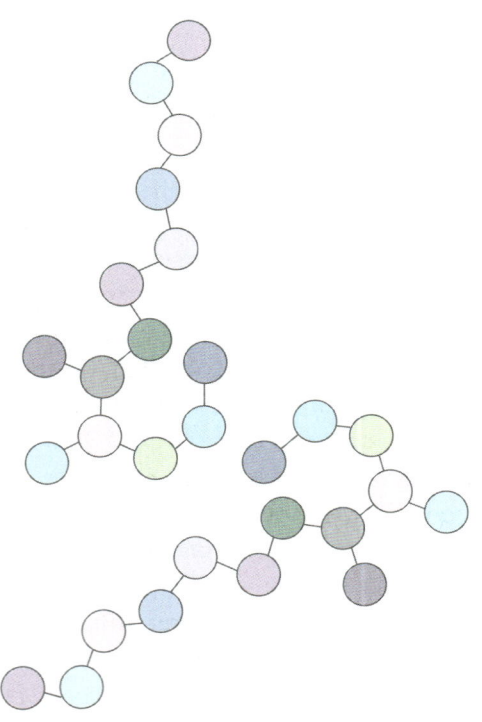

EINFÜHRUNG

Die Urquelle existierte von allem Anbeginn an im Zustand der LEERE und des ewigen Seins als Nullpotenzial in der ESSENZ bedingungsloser Liebe[1]. Als sie aus diesem Zustand heraustrat, ging sie in die polare SUBSTANZ von Licht und Dunkelheit über. Dort erschuf sie das universale Lichtgitternetz, das alles mit allem verband und immer noch verbindet. Danach entstand durch den Weltengeist die universale Ordnung mit der »göttlichen Matrix« im Zustand des VAKUUMS ohne atomare Strukturen.[2]

Nach dem Urknall entwickelten sich Atome und in Plasmawolken und Gasen immer dichtere und

---

1 Ausführlich beschrieben u. a. bei: Stelzl, Diethard: Durch Erleuchtung zur Erlösung, Schirner, Darmstadt, 2012. S. 23 ff.
2 Derselbe: a. a. O., S. 64 ff.

kompliziertere Molekularstrukturen im Prozess des »Abstiegs in die Materie«. In diesem verdichtete sich auch der fein- und grobstofflich aufgebaute Mensch.

Nach den hoch schwingenden Dimensionen der INFORMATION zu Beginn entstanden in der Folge jene ENERGIEFELDER, die sich schließlich zu den niederfrequenten STOFFLICHEN EBENEN materialisierten. Dabei entsprachen die Dimensionen auch folgenden chemischen Elementen:

Dimension	Element	Bezug	Chem. Zusammensetzung	Ordnungszahl
4	FEUER	SONNE	71% **WASSERSTOFF** (H)	1
3	LUFT	ATMOSPHÄRE	75% **STICKSTOFF** (N) 21% SAUERSTOFF (O)	7 8
2	WASSER	LEBEN	89% **SAUERSTOFF** (O) 11% WASSERSTOFF (H)	8
1	ERDE	MATERIE STOFF	SILICIUM- **KOHLENSTOFF** (C) WASSERSTOFF (H) SAUERSTOFF (O)	6 1 8

Interessanterweise enthalten die in der Folge vorgestellten zwanzig wichtigsten Botenstoffe des menschlichen Organismus nur die chemischen Elemente:

- Wasserstoff (H) 100% → FEUER = 4. Dimension
- Sauerstoff (O) 93% → WASSER = 2. Dimension
- Stickstoff (N) 67% → LUFT = 3. Dimension
- Kohlenstoff (C) 60% → ERDE = 1. Dimension

Diese stellen den eigentlichen Schlüssel zum INFORMATIONSPOTENZIAL auf den höchsten Dimensionsebenen des Universums dar. Als Verbindungselement wirkt das FEUER des Überbewusstseins und der Spiritualebene im Gehirn als Neurotransmitter wie als Hormon. Viele Botenstoffe können jedoch die »Blut-Hirn-Schranke«, eine Barriere zwischen Blutkreislauf und Gehirn, nicht überwinden, sodass ihre Wirkung nur bedingt als ENERGIEIMPULS festzustellen ist. Damit bleiben auch die nachfolgenden STOFFLICHEN Effekte auf rein körperlich-materieller Ebene aus. Dieses Problem besteht auch bei der Einnahme vieler Medikamente und Nahrungsergänzungsmittel. Sie können oftmals vom Organismus nicht an die richtige Stelle transportiert und dort verarbeitet werden.

Hierzu gibt es jedoch einen Ausweg, nämlich die INFORMATIONSÜBERTRAGUNG MITHILFE VON WASSER. Bekanntlich besteht der menschliche Körper (wie die Erdoberfläche auch) zu 67 bis 70% aus Wasser. Bei hoch entwickelten Organen wie dem Gehirn, den Augen, der Leber, den Nieren, dem Herz, der Bauchspeicheldrüse usw. liegt dieser Anteil sogar bei über 85%.

Hochwertiges Wasser ist für menschliches Leben die wichtigste Substanz. Es ist ein natürliches Heilmittel. Der Körper benötigt laufend Trinkwasser mit hoher Lebensenergie, einer stabilen Rechtsdrehung, einem starken Magnetfeld und positiven Informationen. Industriell gefertigte Getränke können diese Kriterien in der Regel nicht zufriedenstellend erfüllen. Jeder von uns sollte darauf achten, täglich mindestens zwei bis drei Liter guten Trinkwassers zu sich zu nehmen.

WASSER, insbesondere »belebtes Wasser«, stellt INNERHALB DES MENSCHLICHEN ORGANISMUS einen optimalen INFORMATIONSTRÄGER dar, der sehr stark auf Formen der heiligen oder sakralen Geometrie aufbaut und reagiert. Allerdings nimmt

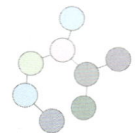

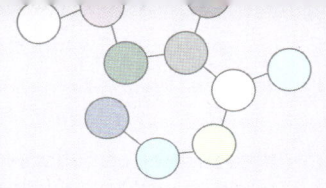

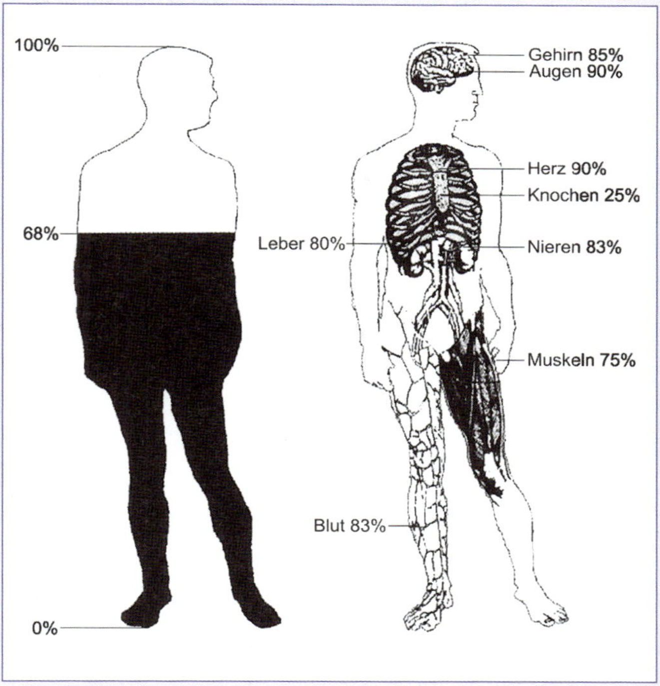

100%	Gehirn 85%
	Augen 90%
	Herz 90%
	Knochen 25%
68% — Leber 80%	Nieren 83%
	Muskeln 75%
	Blut 83%
0%	

WASSER IST LEBEN

das Wasser als Dipol-Antenne gleichermaßen sowohl positive als auch negative Informationen auf. Es wertet nicht. Darauf wies bereits DR. MASARU EMOTO (geb. 1943) mit seinen beeindruckenden Aufnahmen von »informiertem« Wasser hin.

»Wasserkristalle« von Liebe
© KOHA, Burgrain

Dr. Masaru Emoto

In diesem Buch werden die zwanzig für den menschlichen Organismus wichtigsten Botenstoffe vorgestellt und Vorschläge unterbreitet, wie individuell optimale harmonische Informationen über geometrische Formen, Name und Molekularstruktur des jeweiligen Botenstoffes über Papier auf ein Wasserglas, eine Glasflasche oder einen Glaskrug übertragen werden können – für sich selbst und für andere. Nach etwa fünf Minuten ist die jeweilige Harmonisierungsinformation durch das Wasser im Glas vollständig aufgenommen worden. In kleinen Schlucken, bewusst, mit positiven Gefühlen, Gedanken und Glaubenssätzen versehen getrunken, kann das Wasser die positive und harmonische Heilinformation danach im ganzen Körper verbreiten. Da dieser weitgehend aus Wasser besteht, sämtliche Zellen »im Wasser schwimmen«, erreicht die Information der harmonischen Botenstoffe alle Organe und Körpersysteme. Allerdings sollte diese harmonische Informierung – je nach Bedarf – über längere Zeit, also mehrere Tage, Wochen oder Monate, angewendet werden. Auch hier gilt der bekannte Satz des PARACELSUS (1493–1541).

»Wer heilt, hat recht.«

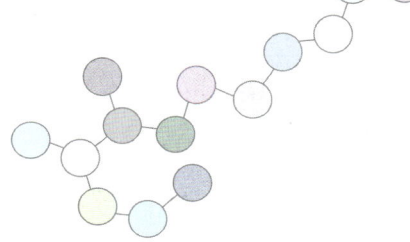

WAS SIND BOTENSTOFFE?

Begriff und Bedeutung

> Unter BOTENSTOFFEN versteht man biochemische Verbindungen, die zwischen Individuen derselben Art, unterschiedlichen Gattungen oder innerhalb eines Organismus Informationen aufnehmen und weitergeben.

Botenstoffe sind auch im kompliziert aufgebauten menschlichen Körper mit seinen etwa 50 Billionen Zellen, von denen jede einzelne pro Sekunde 100 000 Signale aussendet, ein wichtiger Regulator für ein harmonisches Zusammenwirken der Zellen und damit für eine anhaltende Gesundheit sowie für innere und äußere Harmonie. Sie regulieren das Wachstum und die eigene Entwicklung und haben daneben eine wichtige Schutzfunktion.

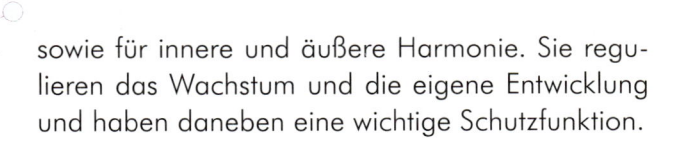

Hormone und Neurotransmitter

Beim Menschen werden Botenstoffe vor allem in zwei große Gruppen aufgeteilt, und zwar in die der HORMONE und die der NEUROTRANSMITTER.

Hormone als körpereigene Signalstoffe

> HORMONE[3] (altgr. hormon: antreiben, erregen) sind kleine Moleküle oder Peptide. Sie stellen körpereigene biochemische Signalstoffe dar, die über endokrine, also nach innen gerichtete Drüsen in den Blutkreislauf und andere Körperbereiche fließen, um dort bestimmte Wirkungen in Gang zu setzen.

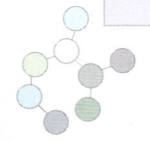

Hormone werden dabei vor allem mit dem Element Wasser, das für den Bereich der Gefühle steht, in Verbindung gebracht. Sie werden meistens in bestimmten Organen des Körpers selbst produziert und geben an Körperzonen, Gewebestrukturen und Zellverbände im gesamten System Signale bzw. lebenswichtige Informationen ab. Diese können direkt oder indirekt, beispielsweise über die Vitaminausschüttung, auf die Mineral- und Enzymkonzentration wirken.

---

3 Ausführlich u. a. bei: Kleine, Bernhard: Hormone und Hormonsysteme, Springer, Hamburg/Berlin, 2007
Buchner, Elisabeth: Wenn Körper und Gefühle Achterbahn spielen, fvb, Kleinsendelbach, 2000

Neurotransmitter als endogene Botenstoffe des Gehirns

> NEUROTRANSMITTER (altgr. neuron: Nerv; lat. transmittere: übertragen) sind endogene biochemische Botenstoffe und geben Informationen von einer Nervenzelle an eine andere über spezielle Kontaktstellen, die Synapsen, weiter. In diese Spalten eindringende elektrische Aktionspotenziale führen zur Ausschüttung der Signalstoffe aus den synaptischen Vesikeln.

Neurotransmitter werden hauptsächlich dem Element Luft und damit den Gedanken und dem Gehirn zugeordnet. Sie sind Botenstoffe des Nervensystems und hemmen oder aktivieren Nervenzellen (Neuronen) mit räumlich begrenzten Wirkungen.

Unter diesen beeinflussen NEUROPEPTIDE die Stärke gewisser Abläufe, ENDORPHINE als Untergruppe der Neurotransmitter wirken in speziellen Bereichen, z. B. der Schmerzlinderung, dem Auftreten von Glücksgefühlen sowie der Lockerung nach körperlichen Anstrengungen.

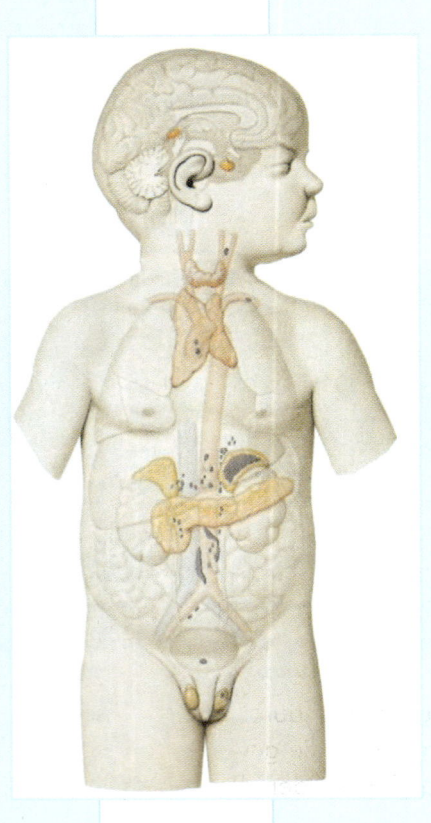

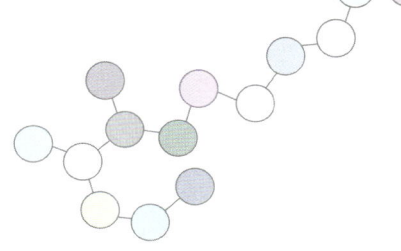

WO KOMMEN BOTENSTOFFE VOR?

Biochemische Signalsubstanzen werden im menschlichen Körper vor allem in bestimmten Bereichen des Gehirns produziert sowie in endokrinen Drüsen wie den Schilddrüsen, den Nebenschilddrüsen, den Nebennierenrinden, der Bauchspeicheldrüse, den Hoden und den Ovarien.

Hormone werden vor allem in speziellen Zellen der Hirnanhangdrüse (Hypophyse), der Zirbeldrüse (Epiphyse), der Schilddrüsen, der Nebennieren sowie der Langerhans'schen Inselzellen Typ A, B und D der Bauchspeicheldrüse (Pankreas) aufgebaut. Dies geschieht durch die Aktivierung bestimmter Enzyme, über die gewisse Hormone direkt ins Blut abgegeben werden. Beispiele hierfür sind:

Hypothalamus
Releasing-Hormone/Inhibiting-Hormone
Hypophyse
Hypophysen-vorderlappen
TSH
FSH/LH
Schilddrüse
FSH/LH
Eierstöcke
Hoden
STH
Nebennieren-rinde
Knochen, Muskeln, Fettgewebe etc. (Wachstum)
Rückkopplungen

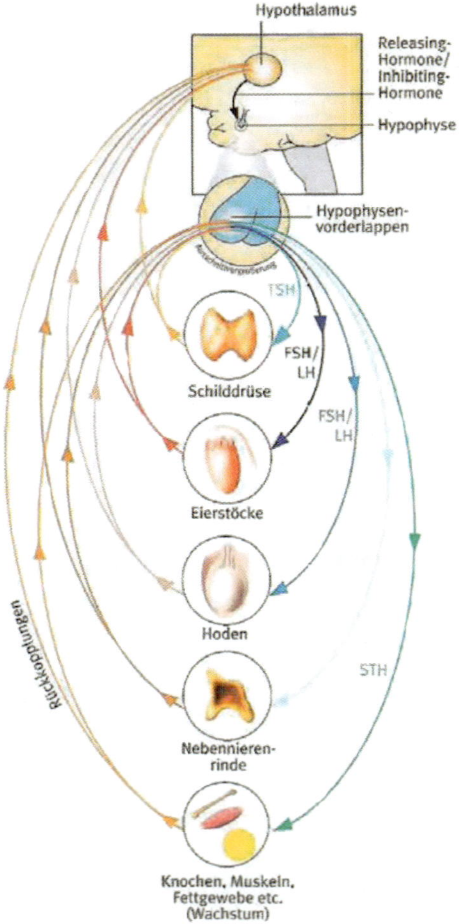

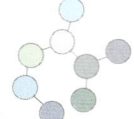

- der Zucker- und Fettstoffwechsel
- der weibliche Menstruationszyklus
- das geschlechtliche Sexualverhalten
- das Knochenwachstum
- das individuelle Angst- und Stressverhalten
- diverse Regelkreise des Hypothalamus und der Hypophysenlappen

Wichtige Körperbereiche für die Herstellung von Botenstoffen sind:

I. STAMMHIRN
- **Aldosteron**
- **Noradrenalin**
- **Adrenalin**
- **Acetylcholin**

II. ZWISCHENHIRN
1. Epiphyse
   - **Serotonin**
   - **Melatonin**
   - Dimethyltryptamin (DMT)

2. Limbisches System
   - **Serotonin**
   - **Dopamin**
   - **Gamma-Amino-Buttersäure-Acetat (GABA)**
   - Anisomycin/Flagecidin

3. Hypothalamus
   - **Oxytocin**
   - Prolaktin
   - **Cortisol**
   - **Histamin**
   - Somatostatin
   - Leptin
   - Thyreoliberin (TRH)
   - **Vasopressin/Adiuretin**
   - Somatotropes Wachstumshormon (STH)
   - Antidiuretisches Hormon (ADH)
   - Corticotropin-Releasing-Hormon (CRH)
   - Gonadoliberin (GnRH)
   - Releasing Hormone (RH)

4. Hypophyse
   - **Cortisol**
   - **Oxytocin**
   - Gonadoliberin (GnRH)
   - Gonadotropin
   - Corticotropin-Releasing-Hormon (CRH)
   - **Vasopressin**
   - **Gamma-Amino-Buttersäure-Acetat (GABA)**
   - Adrenocorticotropes Hormon (ACTH)
   - **Estrogene/Östrogene**
   - Thyreoliberin (TRH)
   - Prolaktin (LSH, LTH)
   - follikelstimulierendes Hormon (FSH)
   - Leptin
   - Luteinisierendes Hormon (LH)
   - Somatotropes Wachstumshormon (STH)

5. Hippocampus
   - Anisomycin

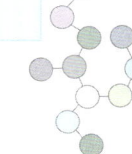

6. Substantia nigra
   - **Dopamin**

7. Zentralnervensystem (ZNS)
   - Galanin
   - Glutamat (Glu)
   - **Histamin**

III. GROSSHIRN
   - Tetrodotoxin

IV. SCHILDDRÜSEN – NEBENSCHILDDRÜSEN
   - Somatotropes Wachstumshormon (STH)
   - **Calcitonin**
   - **Thyroxin (T4)**
   - Trijodthyronin (T3)
   - Parathormon (PTH)

V. NIEREN
   - Renin

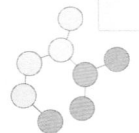

VI. NEBENNIERENRINDEN

- Adrenocorticotropes Hormon (ACTH)
- **Cortison**
- **Cortisol**
- **Histamin**
- **Noradrenalin**
- Leptin
- Dehydroepiandrosteron (DHEA)
- **Testosteron**
- **Androsteron**
- **Progesteron**
- **Östrogene/Estrogene**
- Östrogol
- **Östradiol**
- **Aldosteron**
- **Adrenalin**

VII. BAUCHSPEICHELDRÜSE/PANKREAS

- Insulin
- Glukagon
- Somatostatin
- **Gamma-Amino-Buttersäure-Acetat (GABA)**

VIII. LEBER – GALLE
- Taurin
- Albumin
- **Glutathion (GSH)**

IX. DARM – MAGEN
- Glutamin (Gln)

X. GONADEN/KEIMDRÜSEN: Hoden/Ovarien
- Progesteron
- Testosteron
- Estradiol/Östradiol
- Inhibin
- Aktivin
- Estrogene/Östrogene
- Dehydroepiandrosteron (DHEA)

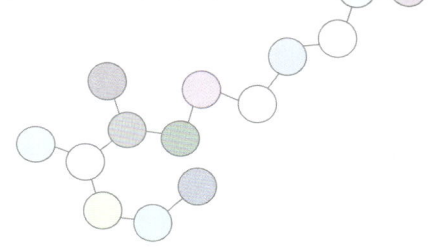

WIE WIRKEN BOTENSTOFFE?

In alphabetischer Reihenfolge finden Sie im Folgenden die wichtigsten Wirkungen verschiedener bedeutender Botenstoffe.

Name	Summenformel, Molekularstruktur	Produzierendes Organ	Wirkungsweise
Acetylcholin (Ach)	$C_7H_{16}NO_2$	Stammhirn	Wichtiger Neurotransmitter für die Übertragung von Nervenimpulsen auf die Muskeln, den Sympathikus, Parasympathikus und das Zentralnervensystem (ZNS). Wirkt auch als Botenstoff für kognitive Prozesse und bei MORBUS ALZHEIMER. Aktiviert das allgemeine Lernverhalten.

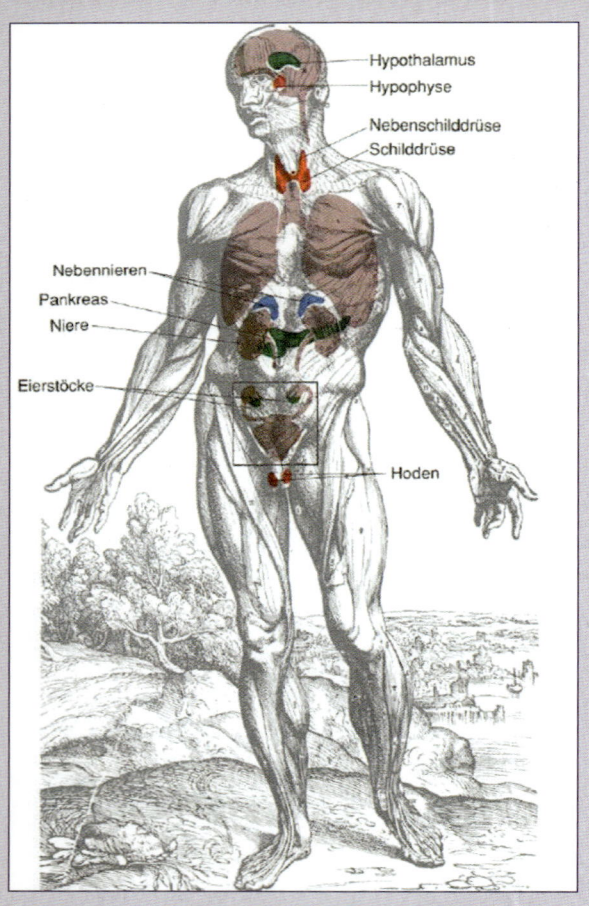

© Voet, D./J.G.: »Biochemie« VCH, Weinheim, 1992, Seite 1159

Name	Summen-formel, Molekular-struktur	Produzieren-des Organ	Wirkungsweise
Adrenalin/Epinephrin	$C_9H_{13}NO_3$	Nebennieren-mark	Stresshormon, das verantwortlich ist für Blutdruckanstieg und Steigerung der Herzfrequenz bei Fettabbau
Aldosteron	$C_{21}H_{28}O_5$	Stammhirn, Nebennieren-rinde	Natürliches Steroidhormon, das für zu niedrigen Blutdruck und zu hohe Kaliumkonzentration im Blut verantwortlich ist. Bindet und transportiert Natrium.
Calcitonin		Schilddrüse	Peptidhormon aus 32 Aminosäuren, das als Gegenspieler des in den Nebenschilddrüsen gebildeten Parathormons zur Regulierung des Calcium- und Phosphathaushaltes fungiert. Calcitonin senkt den Calciumspiegel und fördert die Calciumausscheidung der Nieren. Es wirkt auch als Tumormarker für die Schilddrüse.

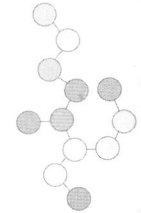

Name	Summen-formel, Molekular-struktur	Produzieren-des Organ	Wirkungsweise
Cortisol/ Hydrocor-tison	$C_{21}H_{30}O_5$	Nebennieren-rinde, Hypo-physe und Hypothalamus	Hormon zur Aktivierung kataboler Stoffwech-selvorgänge, Entzün-dungshemmer, dämp-fende Wirkung auf das Immunsystem Überfunktion → MORBUS CUSHING Unterfunktion → MORBUS ADDISON
Cortison	$C_{21}H_{28}O_5$	Nebennieren-rinde	Steroidhormon. Bei Mangel an Cortison kann es zu Neben-nierenrindeninsuffizienz, Schwindel, Schlaflosig-keit, Depressionen, Psy-chosen kommen. Es hat eher geringe Wirkung und ist ein Oxidations-produkt von CORTISOL.
Dopamin (DA)/ Intropin	$C_8H_{11}NO_2$	Substantia nigra, Zentral-nervensystem, ventrales Tegmentum (VTA)	Wichtiger Neuro-transmitter, der als »Glückshormon« zur Antriebssteigerung, Mo-tivationsaktivierung, zur Behandlung von Herz-Kreislauf-Schocks sowie bei vegetativen Nerven- und Motorikstörungen fungiert.

Name	Summen-formel, Molekular-struktur	Produzieren-des Organ	Wirkungsweise
Estrogene/ Östrogene		Ovarien, Nebennieren-rinde, Hoden, Hypophyse	Die Steroidhormone sind das wichtigste weibliche Sexualhor-mon. Verantwortlich für Eizellreife und Eisprung, Schlaflosigkeit und Depressionen.
Gamma-Amino-Buttersäu-re-Acetat (GABA)		Hypothalamus, Hypophyse, Langerhans-Inseln der Bauchspeichel-drüse	Wichtigster inhibito-rischer Neurotransmitter des Zentralnervensys-tems. Wirkt beruhi-gend, schlaffördernd, blutdruckstabilisierend, gegen Heißhunger auf Süßigkeiten, starkes Schwitzen, prämenstru-elles Syndrom (PMS) und Depressionen. Wirkt GLUTAMAT entgegen. Wird unterstützt durch SEROTONIN.
Glutathion (GSH)	$C_{10}H_{17}N_3O_6S$	Leber	Das Tripeptid ist ein wichtiges Antioxidans, das die Protein-Synthese als Reserve für Cystein in Gang setzt.

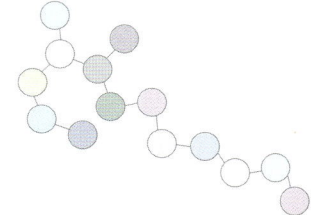

Name	Summen-formel, Molekular-struktur	Produzieren-des Organ	Wirkungsweise
Histamin	$C_5H_9N_3$	Mastzellen, Magenschleim-häute, Epider-mis, Bronchien, Magen-Darm-Trakt, ZNS, Hypothalamus	Gewebshormon und Neurotransmitter. Wirkt bei allergischen Reak-tionen, Entzündungen, MORBUS MENIERE (Drehschwindel), Blut-druckschwankungen, Verbrennungen, Asthma, Erbrechen, Leukämie, stärkt das Immunsystem. Regulation der Magen-säureproduktion, des Appetits und des Schlaf-Wach-Rhythmus. Setzt ADRENALIN frei.
Melatonin	$C_{13}H_{16}N_2O_2$	Zirbeldrüse (Epiphyse) bei Dunkelheit bis 4 Uhr morgens, aus Seratonin, Dickdarm, Netzhaut des Auges	Steuerung des Tag-Nacht-Rhythmus. Wirkt bei Schlafstörungen, Mi-gräne und Jetlag sowie auf Gedächnislücken im Hippocampus.
Noradre-nalin/Nor-epinephrin (INN)	$C_8H_{11}NO_3$	Nebennieren-mark, Locus caeruleus im Stammhirn	Neurotransmitter und Hormon vor allem im ZNS zur Anregung des Herz-Kreislaufsystems, bei Schockzuständen, Hypotonie (nied-rigem Blutdruck) und Vergiftungen.

Name	Summen-formel, Molekular-struktur	Produzieren-des Organ	Wirkungsweise
Östradiol		Eierstöcke, Hypophysen-vorderlappen, Hypothalamus	Wichtigstes weibliches Geschlechtshormon, wirkt bei Menstrua-tionsstörungen, Un-fruchtbarkeit, PMS, Regelblutungen und Osteoporose.
Oxytocin		Hypothalamus, Hypophysen-hinterlappen	Hormon und Neuro-transmitter, der den Ge-burtsprozess erleichtert und das Sozialverhalten fördert. Verringert den Blutdruck und den Kor-tisolspiegel. Bringt inne-ren Frieden, Ruhe und Stille. Verursacht den Muttermilchausfluss.
Progesteron	$C_{21}H_{30}O_2$	Corpus luteum, Gonaden, Nebennieren-rinde	Steroid- und Sexualhor-mon. Schützt vor Zysten, fördert die Wasser-ausscheidung und den Fettabbau, festigt das Bindegewebe und wirkt Depressionen entgegen.

Name	Summen-formel, Molekular-struktur	Produzieren-des Organ	Wirkungsweise
Serotonin/ Enteramin	$C_{10}H_{12}N_2O_2$	Zirbeldrüse, Schleimhäute des Dick-darms	Gewebshormon und Neurotransmitter zur Regulation der Span-nung der Blutgefäße, bei Magen-Darm-Trägheit und Problemen der Signalübertragung im Zentralnervensystem (ZNS), bei Depressi-onen, als Appetitzügler, bei Migräne, als Blut-drucksenker und als Blutgerinnungshemmer.
Testosteron	$C_{19}H_{28}O_2$	Hoden, Eier-stöcke, Neben-nierenrinde	Sexualhormon für beide Geschlechter
Thyroxin/ Tetraiodthy-ronin	$C_{15}H_{11}L_4NO_4$	Schilddrüse	Essenzielles Hormon, das für den Energie-stoffwechsel mit Aus-wirkungen auf andere Hormone wie Insulin, Glukagon, Adrenalin und somatotropes Hormon verantwortlich ist. Wirkt vor allem bei Schilddrüsenunter-funktion (Hypothyreose).
Vasopressin (AVP)/anti-diuretisches Hormon (ADH)		Hypothalamus	Peptid-Hormon zur Was-serausscheidung und Blutgefäßstärkung

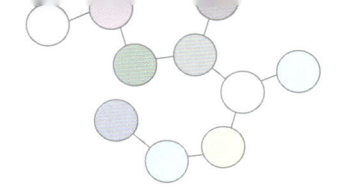

rechtes Großhirn (mittlere Schnittansicht)

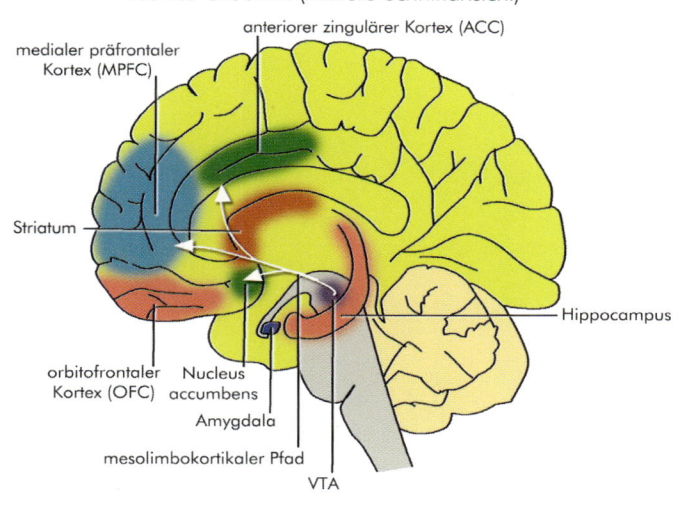

- medialer präfrontaler Kortex (MPFC)
- anteriorer zingulärer Kortex (ACC)
- Striatum
- orbitofrontaler Kortex (OFC)
- Nucleus accumbens
- Amygdala
- mesolimbokortikaler Pfad
- VTA
- Hippocampus

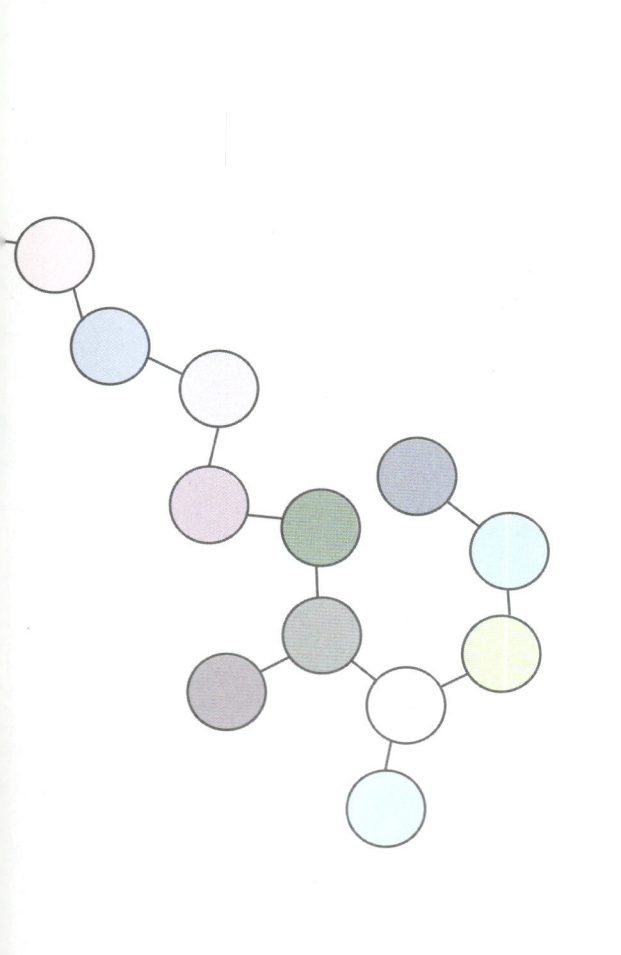

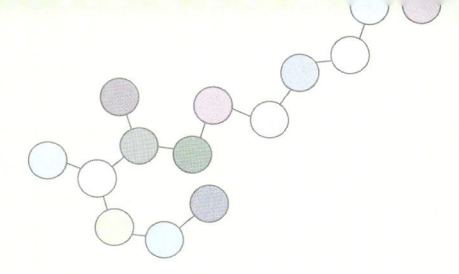

WELCHE BOTENSTOFFE WERDEN GEBRAUCHT?

Die Einmaligkeit jedes Menschen

Im gesamten Universum gibt es jeden Einzelnen von uns, so wie er ist, nur ein einziges Mal.

Auf die Botenstoffe bezogen bedeutet dies, dass es zwar verbindliche Einzelaussagen hinsichtlich der Wirkung bestimmter Informationsträger und chemischer Substanzen auf den menschlichen Organismus gibt, aber beispielsweise keine allgemeine und für alle Menschen anwendbare Regel. Alles Sein im Universum ist Strahlung und Schwingung, auch und im Besonderen der Mensch. Alles ist fließende Kraft, die sich zur bewegenden, kondensierten Energie und damit zu Form, Stoff und Materie verdichtet. So gesehen stellt auch jeder Mensch ein spezifisches Schwingungsfeld dar, das sich aus seiner Individualstruktur, seinem Bewusstseinszustand und seinem Potenzial an Lebensenergie ableitet. Alles dies ist einmalig, und die persönliche Ausstrahlung, das Charisma, ist es auch.

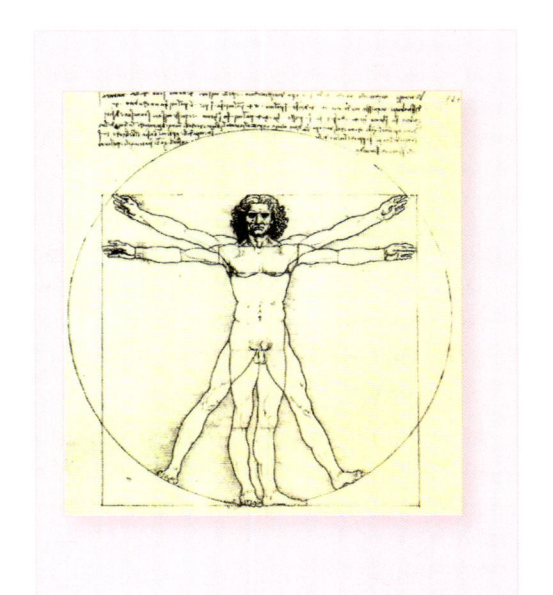

Das Austesten des richtigen Botenstoffes
Allgemeines

Es herrscht ein unübersehbar anmutendes, scheinbares Chaos von möglichen positiven und negativen Einwirkungen auf uns, die entweder heilsame oder schädliche Wirkung zeigen, die eigene Gesundheit fördern oder belasten. Darin gibt es nur eine einzige Instanz, die uns mitteilen kann, was gut für unsere Gesundheit ist und was nicht – und das sind wir selbst, genauer gesagt: das »BAUCHHIRN« unseres persönlichen Unterbewusstseins. Es steuert sämtliche autonomen Körperfunktionen und weiß deshalb am besten, was unserem Körper zuträglich ist und was nicht. Die notwendigen Entscheidungen muss dann das »KOPFHIRN« des individuellen Wachbewusstseins treffen.

Wichtig ist daher eine sinnvolle und aussagekräftige Kommunikation zwischen der eigenen Verstandes-/Vernunftebene des Wachbewusstseins und der unterschwelligen, emotional-psychischen Ebene des Unterbewusstseins. Die Kommunikation zwischen diesen beiden Bewusstseinsebenen der

Wirkungsweise der drei Selbste

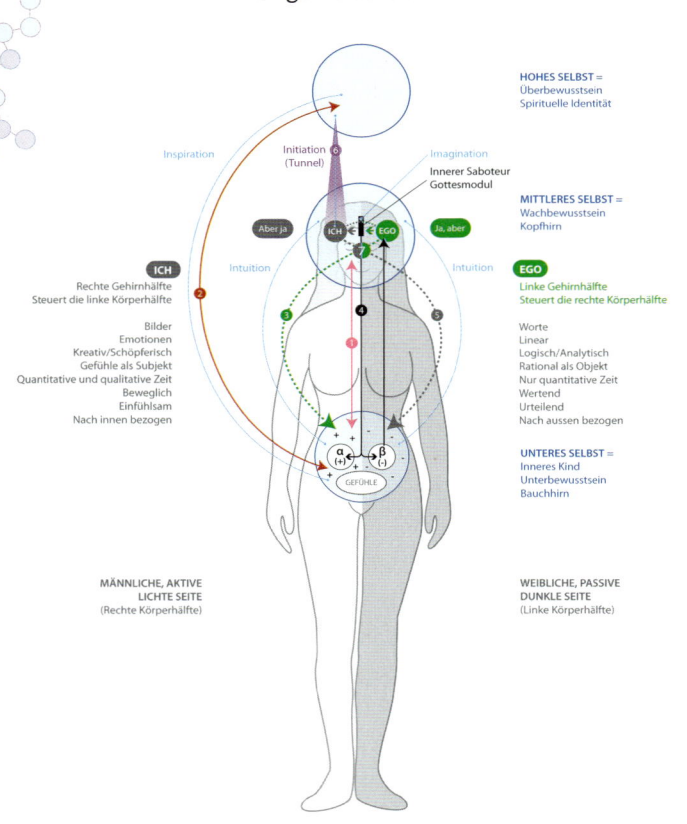

HOHES SELBST =
Überbewusstsein
Spirituelle Identität

Inspiration
Initiation (Tunnel)
Imagination

Innerer Saboteur
Gottesmodul

MITTLERES SELBST =
Wachbewusstsein
Kopfhirn

Aber ja — ICH — EGO — Ja, aber

Intuition — Intuition

ICH
Rechte Gehirnhälfte
Steuert die linke Körperhälfte

Bilder
Emotionen
Kreativ/Schöpferisch
Gefühle als Subjekt
Quantitative und qualitative Zeit
Beweglich
Einfühlsam
Nach innen bezogen

EGO
Linke Gehirnhälfte
Steuert die rechte Körperhälfte

Worte
Linear
Logisch/Analytisch
Rational als Objekt
Nur quantitative Zeit
Wertend
Urteilend
Nach aussen bezogen

GEFÜHLE

UNTERES SELBST =
Inneres Kind
Unterbewusstsein
Bauchhirn

**MÄNNLICHE, AKTIVE
LICHTE SEITE**
(Rechte Körperhälfte)

**WEIBLICHE, PASSIVE
DUNKLE SEITE**
(Linke Körperhälfte)

---

❶ Erste AKA-Schnur
Direktleitung Mittleres Selbst/Inneres Kind

❷ Zweite AKA-Schnur
Direktleitung Inneres Kind/Hohes Selbst

❸ Verbindung EGO/Inneres Kind

❹ Verbindung Innerer Saboteur und α (+) / β (-) Speicher

❺ Verbindung ICH/Inneres Kind

❻ Tunnel: Direktverbindung ICH/Hohes Selbst. Denken wird zu Wissen. Je mehr Vertrauen besteht, desto enger wird der Tunnel, der Innere Saboteur wird letztlich übergangen.

❼ Kreuzungspunkt der Steuerung für die linke bzw. rechte Körperhälfte in der Epiphyse

menschlichen Persönlichkeit bilden die individuelle Körpersprache, kinesiologische Tests oder technische Hilfsmittel wie Pendel und/oder Rute.

Die individuelle Körpersprache

Die für Sie »richtige« Information kommt als Antwort auf eine gezielte JA-NEIN-FRAGE immer vom Inneren Kind oder Unteren Selbst der HUNA-Lehre, also aus dem Bauchgefühl heraus.[4]

Dabei ist der erste Eindruck immer der richtige.

---

[4] Ausführlich beschrieben u. a. bei: Stelzl, Diethard: HUNA-Kompendium Band 1, Schirner, Darmstadt, 2010
Derselbe: HUNA-Einführung, Schirner, Darmstadt, 2011, vor allem S. 246 ff.

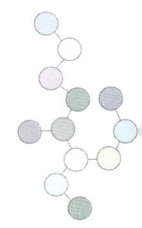

Kommunikation der drei Selbste
(Blick von hinten)

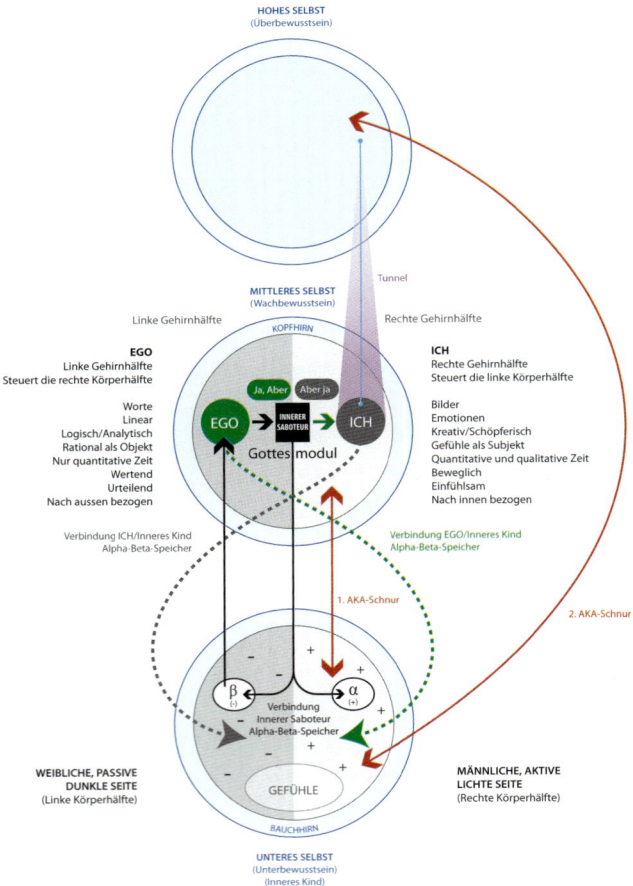

HOHES SELBST
(Überbewusstsein)

Tunnel

MITTLERES SELBST
(Wachbewusstsein)

Linke Gehirnhälfte — KOPFHIRN — Rechte Gehirnhälfte

EGO
Linke Gehirnhälfte
Steuert die rechte Körperhälfte

Worte
Linear
Logisch/Analytisch
Rational als Objekt
Nur quantitative Zeit
Wertend
Urteilend
Nach aussen bezogen

Ja, Aber / Aber ja
INNERER SABOTEUR
EGO → ← ICH
Gottesmodul

ICH
Rechte Gehirnhälfte
Steuert die linke Körperhälfte

Bilder
Emotionen
Kreativ/Schöpferisch
Gefühle als Subjekt
Quantitative und qualitative Zeit
Beweglich
Einfühlsam
Nach innen bezogen

Verbindung ICH/Inneres Kind
Alpha-Beta-Speicher

Verbindung EGO/Inneres Kind
Alpha-Beta-Speicher

1. AKA-Schnur

2. AKA-Schnur

β (−) — Verbindung Innerer Saboteur Alpha-Beta-Speicher — α (+)

GEFÜHLE

BAUCHHIRN

WEIBLICHE, PASSIVE DUNKLE SEITE
(Linke Körperhälfte)

MÄNNLICHE, AKTIVE LICHTE SEITE
(Rechte Körperhälfte)

UNTERES SELBST
(Unterbewusstsein)
(Inneres Kind)

ÜBUNG

Stellen Sie sich einmal (nur ganz kurz) intensiv mit allen Sinnen etwas sehr NEGATIVES vor, und achten Sie darauf, WO Sie im Körper WAS WIE spüren, z. B. Kälte, Enge, Druck, Unwohlsein, Beklemmung, Starre, usw. Diese Empfindungen stehen für »NEIN«, »Vorsicht«, »Gefahr im Anmarsch« usw.

Stellen Sie sich danach mit allen Wahrnehmungssinnen etwas sehr POSITIVES vor, und achten Sie wieder auf Ihre Körperreaktionen: WO spüren Sie WAS WIE? Diesmal beispielsweise Wärme, Weite, Leichtigkeit, Freude, Lockerheit, Fröhlichkeit, Wohlgefühl usw. Diese Empfindungen stehen für »JA«, »alles okay« und »bestens«.

Mit der Zeit können Sie mithilfe dieser Methode zwischen Kopf- und Bauchhirn eine richtige Kommunikation bzw. »Körpersprache« entwickeln.

Kinesiologische Methoden

Hierbei gibt es verschiedene Möglichkeiten, beispielsweise kann folgende Übung helfen.

ÜBUNG

Legen Sie, wenn Sie Rechtshänder sind, Daumen und Zeigefinger Ihrer linken Hand so aneinander, dass diese einen Kreis bilden. Positionieren Sie dann Daumen und Zeigefinger Ihrer rechten Hand in diesen Kreis, sodass die vier Finger wie zwei Kettenglieder miteinander verbunden sind. Nun fragen Sie deutlich, konzentriert und bewusst:

»Bitte, was ist für uns ein JA?«,

und ziehen Sie die Finger der rechten Hand weg.

»Danke!«

Dann machen Sie dasselbe noch einmal, aber diesmal mit der bewussten, konzentrierten Fragestellung:

»Bitte, was ist für uns ein NEIN?«,

und ziehen Sie wieder die Finger der rechten Hand zwischen Daumen und Zeigefinger hindurch.

»Danke!«

Eine von beiden Bewegungen geht leichter, die andere schwerer. Merken Sie sich den Unterschied, und üben Sie öfters.

Kommunikation mit Pendel und Einhandrute/Biotensor

Nach jahrtausendealter Praxis mit Pendel- und Rutenarbeit gilt als gesichert, dass grundsätzlich etwa 40 % aller Menschen die Begabung zur Radiästhesie – zum Pendeln und Rutengehen – haben, weitere 40 % diese Fähigkeiten über entsprechende Übungen bei sich aktivieren können und nur etwa 20 % dafür vollständig unbegabt sind.

Um diese Art der Kommunikation auszuüben, ist es unbedingt notwendig,

- sich innerlich absolut leer zu machen und den kritischen Verstand auszuschalten,
- keinen mentalen Druck auszuüben bzw. keine starke gedankliche Erwartungshaltung aufzubauen,
- zu versuchen, subjektive Wertungen auszuschalten und die eintreffende Antwort objektiv und ehrlich anzunehmen,

- keine Selbstverständlichkeiten abzufragen und keine Probleme, die eindeutig in die Zukunft gerichtet sind, zu bearbeiten,
- vor der Arbeit mit diesen feinen Sensoren sämtliche metallischen Gegenstände bzw. jeglichen Schmuck abzulegen, insbesondere im Bereich der Hände und Unterarme,
- klare Ansprechpartner zu haben, d.h. die »lichte, positive Seite des Inneren Kindes« sollte stärker sein als die »dunkle, negative«.

Grundsätzlich unterscheidet man folgende Ausschläge:

Rechtskreis	Linkskreis	Horizontalausschlag	Vertikalausschlag	keine Bewegung
◯	◯	↔	↕	•
+	−	++	−−	0

Hierbei ist zu beachten, dass »Ja« und »Nein« durch konträre Bewegungen und »weiß nicht/will nicht« meist durch Stillstand dargestellt werden.

ÜBUNG

Bitten Sie Ihr »Bauchhirn«, das Pendel zu bewegen. Machen Sie sich innerlich leer, erwarten Sie nichts, und schauen Sie das Pendel besser nicht an. Auch hier gilt: Versuchen Sie es ruhig öfter! Auch kleine und leichte Ausschläge sind zu Beginn klare Aussagen. Merken Sie sich diese, denn es sind nunmehr Ihre Kommunikationsmethoden.

Jedes Pendel ist subjektiv programmiert, stellt eine wichtige Verbindung zwischen Wachbewusstsein und Unterbewusstsein dar und sollte deshalb nur von ein und derselben Person benutzt werden.

Bei der Feststellung des individuellen Programms kann entweder vom »Kopfhirn« aus gezielt gefragt werden: »Bitte, der Ausschlag in welche Richtung bedeutet für uns in der gemeinsamen Kommunikation mit diesem Pendel in Zukunft ›Ja‹, welcher ›Nein‹ und welcher ›Weiß nicht‹ oder ›Will nicht‹?« In jedem Fall sollten sich drei unterschiedliche Bewegungen des Pendels zeigen.

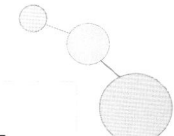

Die zweite Möglichkeit ist, dass man die Entscheidung über die Richtung der Pendelbewegungen dem eigenen Inneren Kind überlässt und die Frage entsprechend formuliert. In jedem Fall sollte vor der Frage »Bitte« und nach der Antwort »Danke« stehen.

»Weiß-nicht«- oder »Will-nicht«-Antworten äußern sich sehr oft in einem Stillstand des Pendels.

Im Gegensatz zum Pendel, das individuell programmiert ist und lediglich auf Ja-/Nein-Fragen antworten kann, sind die bereits erwähnten Energiesensoren wie Ruten (Zweihand- oder Einhandruten) bzw. Tensoren objektiv ausgerichtet und zeigen bis zu acht Abstufungen der jeweils ausgetesteten Werte. Sie folgen damit dem uralten System der universalen Energievektoren.

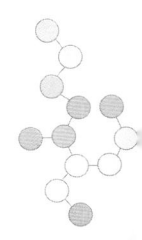

Welche Symbole sind zu verwenden?
Einteilung nach Dimensionen

Symbole werden – gemäß den Regeln der heiligen oder sakralen Geometrie – wie folgt eingeteilt:

1. Dimension	LÄNGE = Strecke	Physischer Körper	ERDE	Vital-energie
2. Dimension	Länge x BREITE = Fläche	Unterbewusst-sein, Gefühle, Sinne, Lang-zeitgedächtnis	WASSER	Lebens-energie
3. Dimension	Länge x Breite x HÖHE = begrenzter Raum	Überbewusst-sein, kos-mischer Plan, Strahlung	LUFT	Willens-energie
4. Dimension	Länge x Breite x Höhe x TIEFE = unbegrenz-ter Raum, line-are Zeit	Überbewusst-sein, kosmischer Plan, Strahlung	FEUER	Licht-energie
5. Dimension	Bewusstseins-Dodekaeder-Raum	Morphische und morpho-genetische Felder	ÄTHER	Liebes-energie

Darüber gibt es keine feinstoffliche Form mehr, nur noch Schwingung in Sinuswellen.

Symbole der Botenstoffe

Die Formen der 1. Dimension bedeuten:

= Mangel → Energie und Information müssen zugeführt werden.

= Überschuss → Energie und Information müssen zurückgenommen werden.

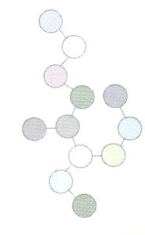

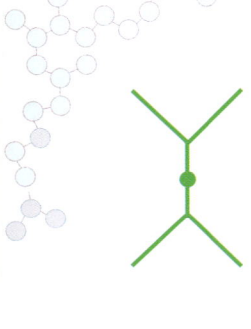

= Wechselsituation → Mangel und Überschuss wirken gegeneinander, angestrebt wird die Harmonie, zentriert im grünen Punkt in der Mitte.

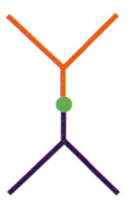

= Selbstzerstörungsmuster → Selbstheilungsmuster sind massiv gestört. Angestrebt wird auch hier die Harmonie, zentriert im grünen Punkt in der Mitte.

Eingebunden werden diese Formen der 1. Dimension in solche der 2. Dimension, beispielsweise

- als Außenkreis mit 7 oder besser 8 cm Durchmesser mit der Information »Gott im Außen« in der grünen Heilfarbe,
- als Punkt im Zentrum in Grün mit der Information »Gott im Innen«.

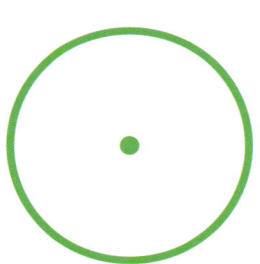

In dieses Symbol aus einem Punkt und einem Kreis in Grün wird der Name des Botenstoffes mit seiner Molekularstruktur geschrieben.

Benutzen Sie die nachfolgenden Symbole möglichst mit einem Kreisdurchmesser von 7 oder besser noch 8 cm. Laminieren Sie das Papier, oder geben Sie es in eine Plastikhülle. Stellen Sie, wie auf Seite 8 ff. bereits kurz erwähnt, ein Wasserglas oder einen Wasserkrug darauf. Nach etwa fünf Minuten hat das Wasser die Symbolinformation aufgenommen. Trinken Sie das Wasser in kleinen Schlucken. Ist das Glas leer, füllen Sie es sofort wieder. Benutzen Sie für jedes Symbol ein eigenes Glas. Mischen Sie nicht.

Die Kreise sollten rund sein, mit dem Punkt genau in der Mitte, die Ypsilons rechtwinklig und gleichschenklig.

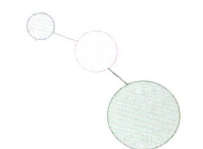

Die Arbeit mit einem Testbogen

Alle zwanzig wichtigen Botenstoffe sind im nachfolgenden Testbogen alphabetisch angeordnet. Nach der laufenden Nummer kommt der Name, danach der für den entsprechenden Botenstoff ermittelte Prozentsatz. Danach folgen die vier theoretisch möglichen Symbole, wie oben erläutert, nämlich:

- rotes Ypsilon nach oben offen bei Mangel
- blaues Ypsilon nach unten offen bei Überschuss
- grünes Doppelypsilon bei Wechselsituationen
- rot-grün-blaues Doppelypsilon bei Selbstzerstörungsmustern

Übliche Situationen sind mit einem X markiert, besonders wichtige sind zusätzlich noch eingekreist.

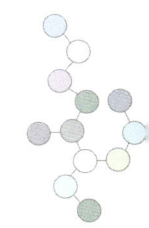

Testbogen

Name: _____ Datum: _____

WICHTIGE BOTENSTOFFE

Laufende Nummer	Name	%	+ zuführen: rotes Ypsilon	– abziehen: blaues Ypsilon	+/– ausgleichen: grünes Doppelypsilon	Selbstzerstörungsmuster
1	Acetylcholin		⊗	×		×
2	Adrenalin		×	⊗		
3	Aldosteron		×	×	×	(×)
4	Calcitonin		⊗	×	×	×
5	Cortisol		⊗	×		(×)
6	Cortison			×		
7	Dopamin		⊗	×	×	×

8	Estrogene/Östrogene	⊗	(x)	(x)	(x)
9	Gamma-Amino-Buttersäure-Acetat (GABA)	⊙			
10	Glutathion	(x)			
11	Histamin	⊙	(⊗)		
12	Melatonin	⊙			
13	Noradrenalin	x			
14	Östradiol	(x)			
15	Oxytocin	x			
16	Progesteron	⊗			
17	Serotonin	⊗			
18	Testosteron	(x)	x	(x)	(x)
19	Thyroxin	⊙		⊙	x
20	Vasopressin	(x)			

Einzelne Beispiele der praktischen Anwendung (alphabetisch geordnet – nicht nach Bedeutung)

Neutrotransmitter für Motorikaktivierung und Muskelaufbau: ACETYLCHOLIN (NT)[5]

Dieser Neurotransmitter (NT) muss meistens zugeführt werden. Dies geschieht mit folgendem Symbol.

---

[5] Im Folgenden sind Neurotransmitter mit (NT), Hormone mit (H) gekennzeichnet.

»Stresshormone«: ADRENALIN (H), NORADRENALIN (NT) und CORTISOL (H)

Diese Stresshormone müssen meistens abgezogen und abgebaut werden. Ausnahmen sind auszutesten, z. B. bei Noradrenalin.

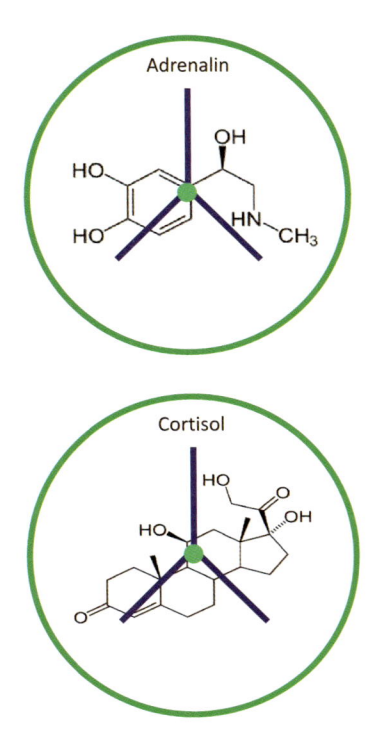

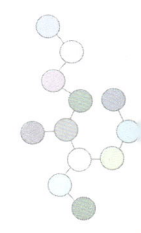

Adrenalin

Cortisol

Als Gegenspieler des Adrenalins wirkt sehr oft das NORADRENALIN (NT). Es muss dann zugeführt werden.

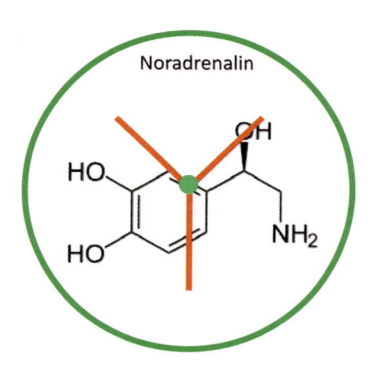

Natürliche Steroid- und Peptidhormone: ALDOSTERON (H), CALCITOCIN (H), CORTISON (H), GLUTATHION (H) und VASOPRESSIN (H)

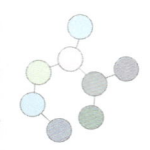

Diese Spezialhormone kommen seltener vor und müssen entsprechend ausgetestet werden. In der Regel müssen sie mit einem roten Ypsilon zugeführt werden, z. B. CALCITONIN oder CORTISON (quasi als Medikamentenersatz). Sonst müssen Sie sie abbauen. Deshalb genau testen!

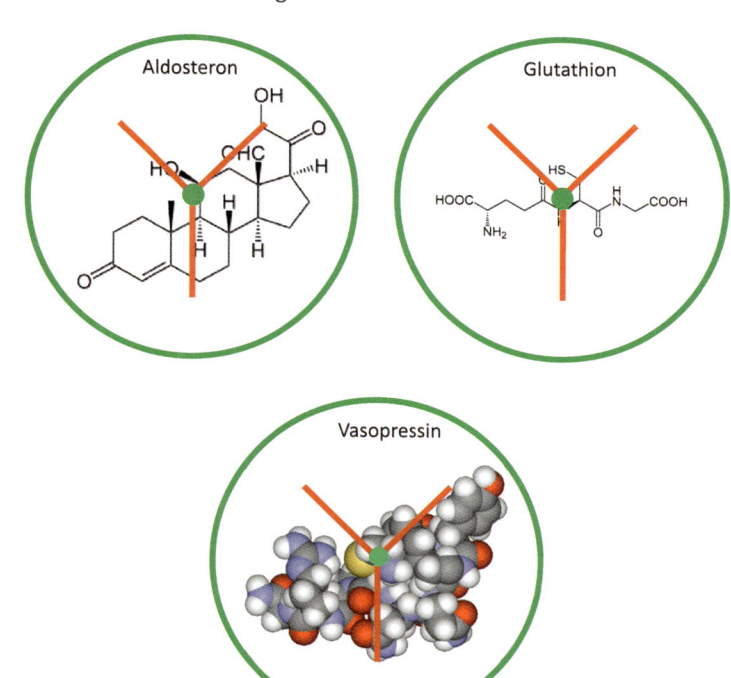

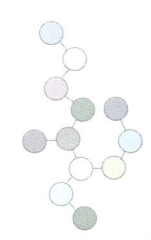

Aldosteron

Glutathion

Vasopressin

»Glückshormone« und Harmonisierungs-Neurotransmitter: DOPAMIN (H + NT), GABA (NT), SEROTONIN (H + NT) und MELATONIN (H + NT)

Hierbei handelt es sich zweifelsohne um die wichtigste Gruppe. Fast jeder Mensch hat eine Unterversorgung. GABA fehlt beinahe bei jedem.

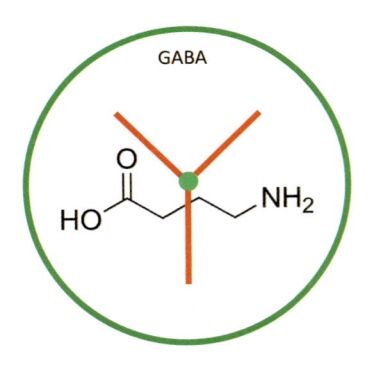

GABA

HO O NH_2

Einen Sonderfall stellt das Dopamin dar:

- Bei Werten unter 30 bis 40% kann es zu Selbstzerstörungsprogrammen kommen, also ist das rot-grün-blaue Ypsilon anzuwenden.

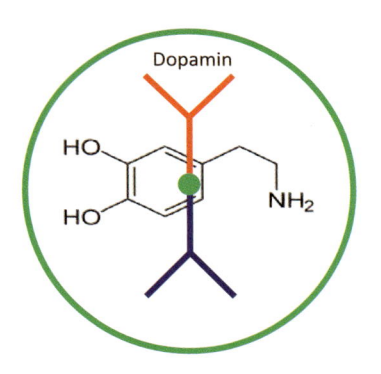

- Bei Werten zwischen 40 und 50% muss Dopamin zugeführt werden, was meistens der Fall ist, also ist ein rotes Ypsilon zu verwenden.

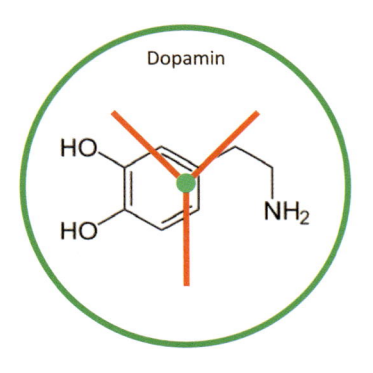

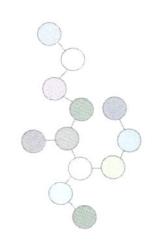

- Bei Werten über 60 oder 70 % kann es zu Suchtprogrammen kommen, also muss ein blaues Ypsilon oder eventuell ein rot-grün-blaues Doppelypsilon verwendet werden.

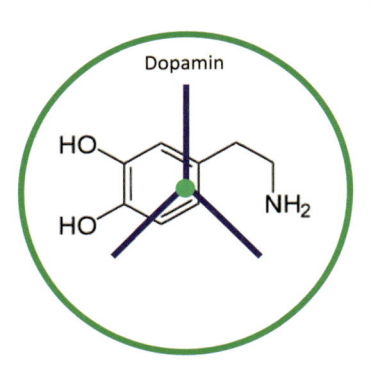

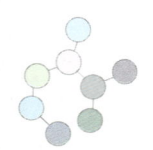

Die anderen Botenstoffe werden wie folgt behandelt:

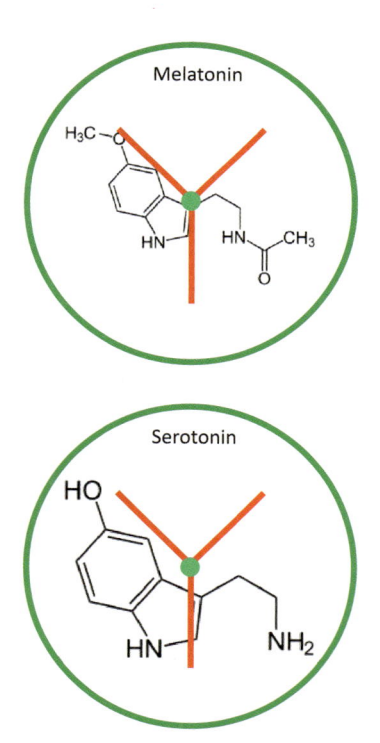

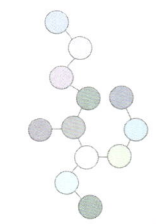

Melatonin

Serotonin

»Sexualhormone«: ESTROGEN/ÖSTROGEN (H), ÖSTRADIOL (H), OXYTOCIN (H+NT), PROGRESTERON (H) und TESTOSTERON (H)

Hier muss nach Geschlecht und vorliegender Situation ausgetestet werden. Bei Defizit ist die entsprechende Information mit rotem Ypsilon zuzuführen, bei Überschuss mit blauem Ypsilon abzubauen, bei Wechselfunktionen, beispielsweise im Klimakterium, mit grünem Doppelypsilon auszugleichen.

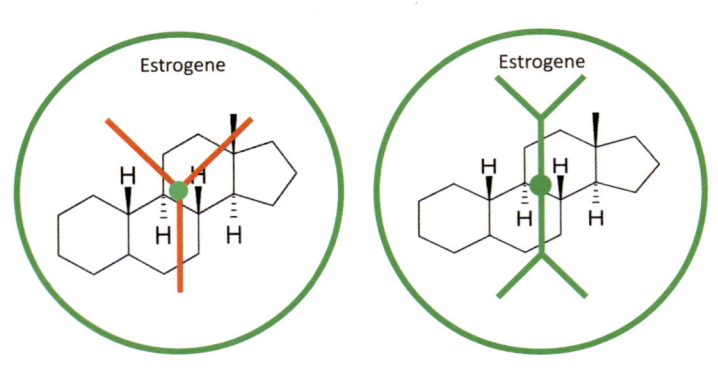

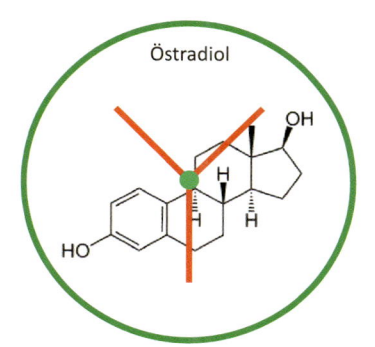

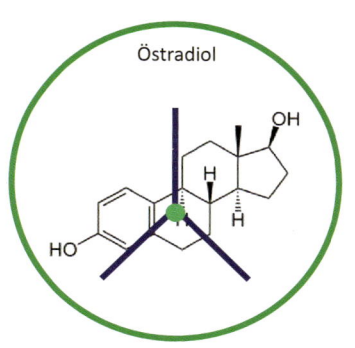

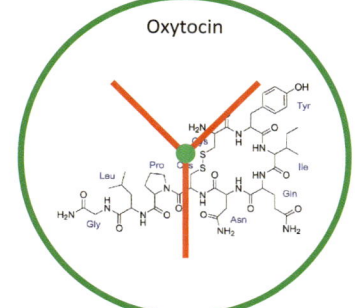

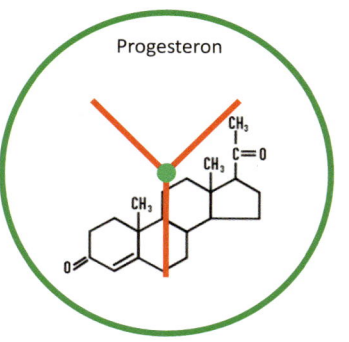

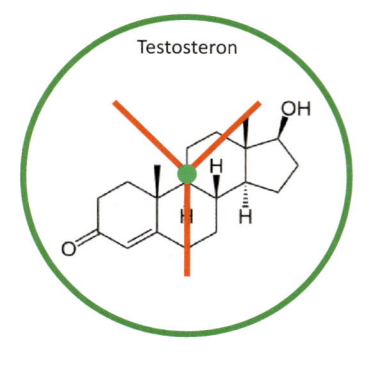

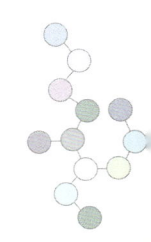

Östradiol	Östradiol

Oxytocin	Progesteron

Testosteron

Bei Vorliegen von Prostatakrebs sollte Testosteron abgebaut werden.

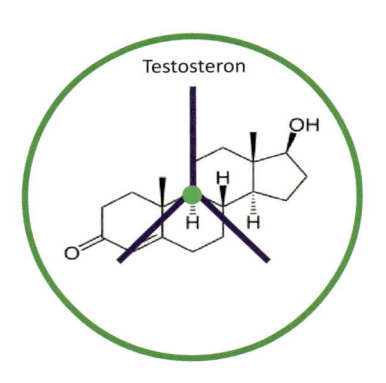

Stoffwechsel-Botenstoffe: HISTAMIN (H + NT) und THYROXIN (H)

Beide Botenstoffe sind sehr speziell und müssen genau ausgetestet werden, vor allem das Thyroxin. Bei Histamin-Unverträglichkeit gegen bestimmte Lebensmittel ist das blaue Ypsilon zu verwenden.

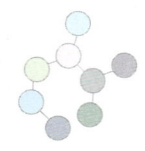

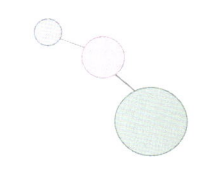

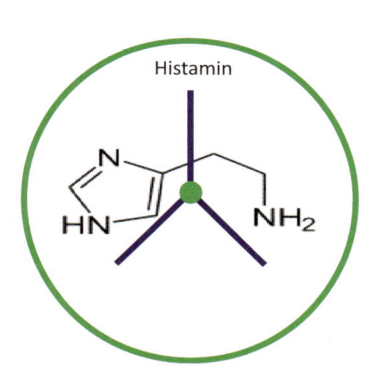

Bei Thyroxin ergibt sich eine ähnlich komplizierte Situation wie bei Dopamin.

- Eine Schilddrüsenunterfunktion verlangt Zufuhr durch ein rotes Ypsilon.

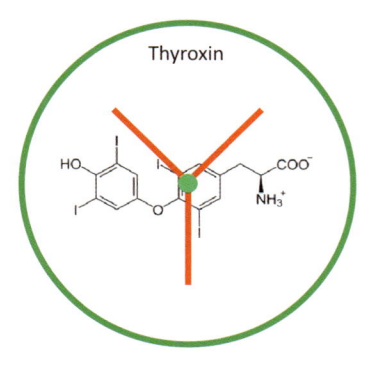

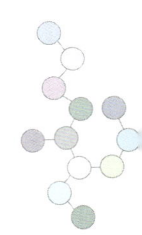

- Eine Schilddrüsenüberfunktion muss mit einem blauen Ypsilon abgebaut werden.

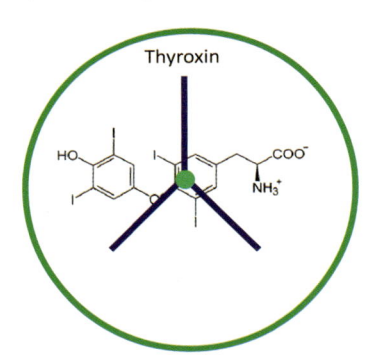

- Eine Schilddrüsen-Wechselfunktion ist mit einem grünen Doppelypsilon zu versorgen.

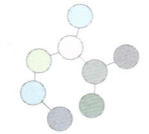

- Ein »HASHIMOTO-SYNDROM« verlangt ein rot-grün-blaues Doppelypsilon.

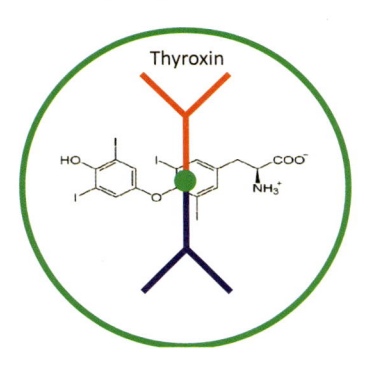

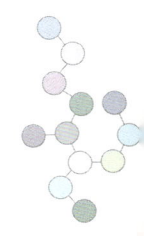

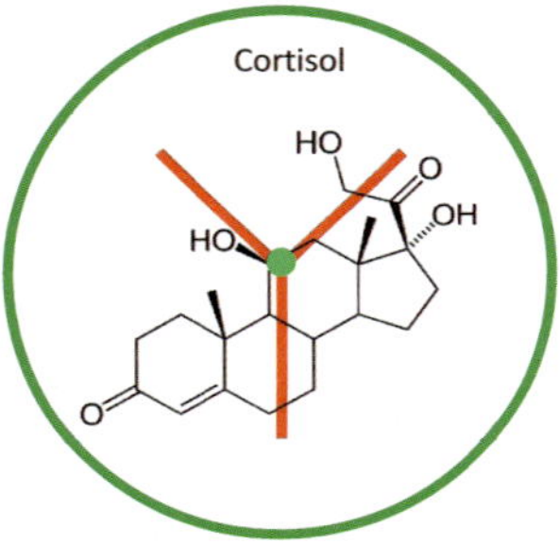
Cortisol
HO
O
OH
HO

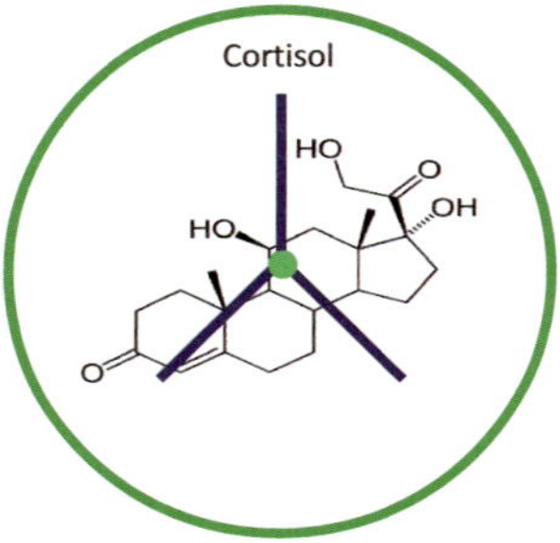
Cortisol
HO
O
OH
HO

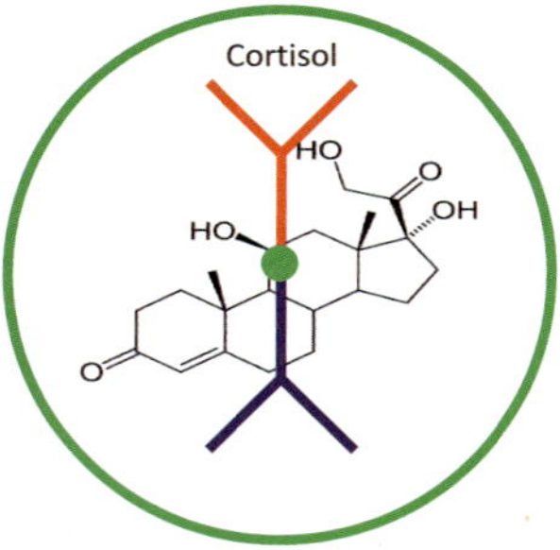
Cortisol
HO
O
OH
HO

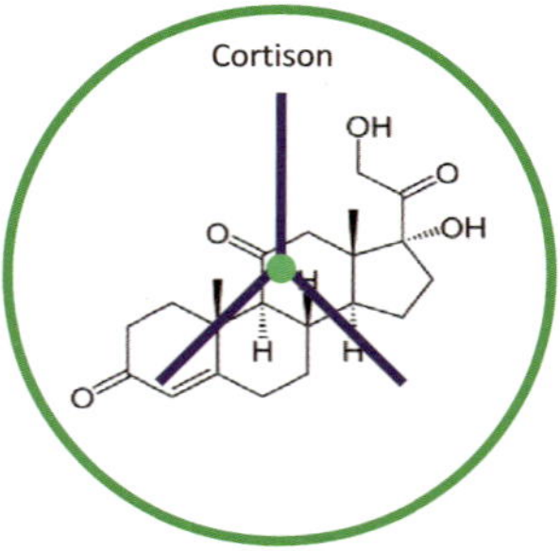
Cortison
OH
O
OH
O
H
H
H

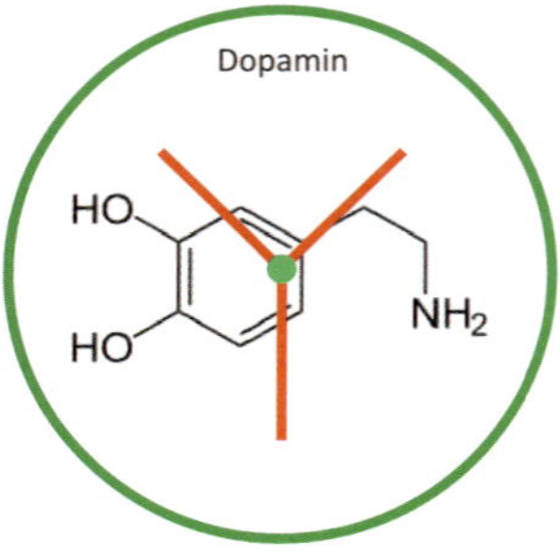
Dopamin
HO
HO
NH2

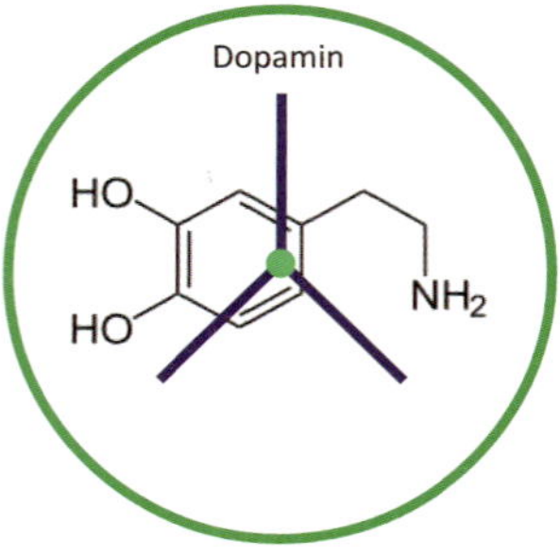
Dopamin
HO
HO
NH2

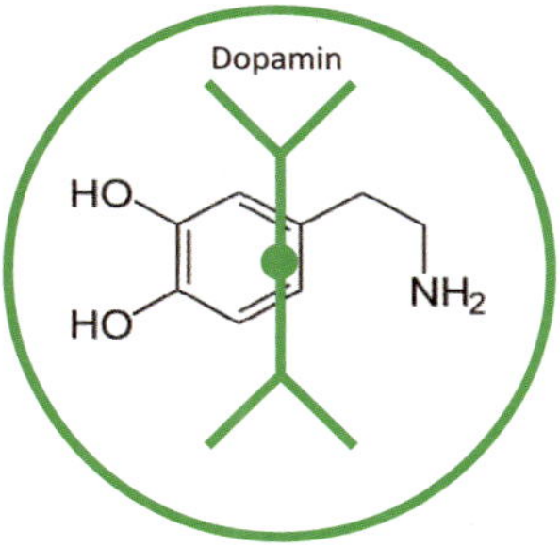
Dopamin
HO
HO
NH_2

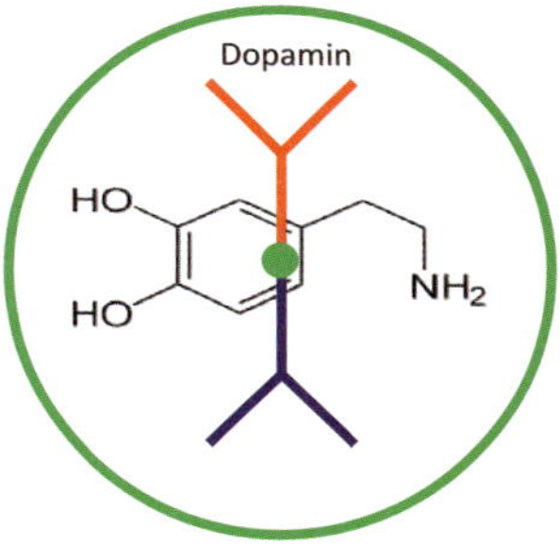
Dopamin
HO
HO
NH_2

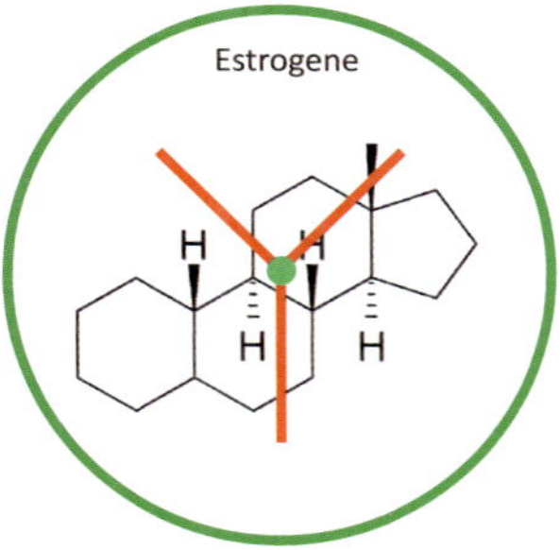
Estrogene
H
H
H
H

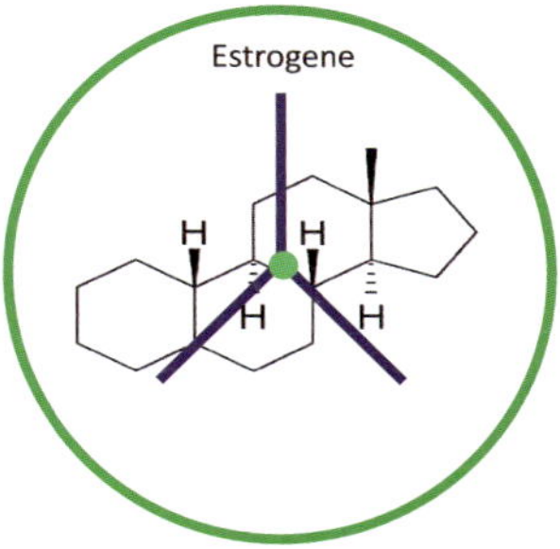
Estrogene
H
H
H
H

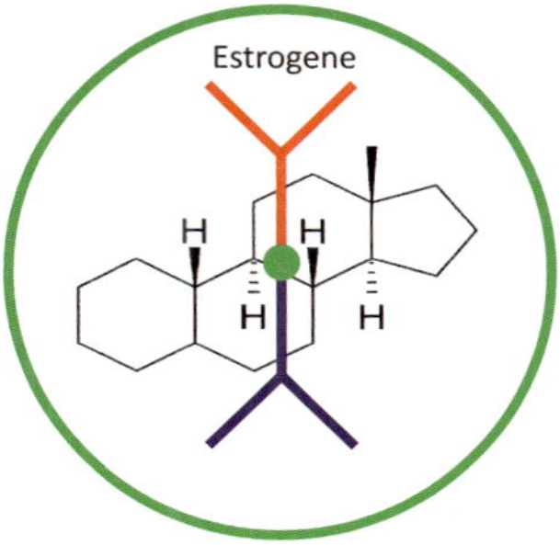
Estrogene
H
H
H
H

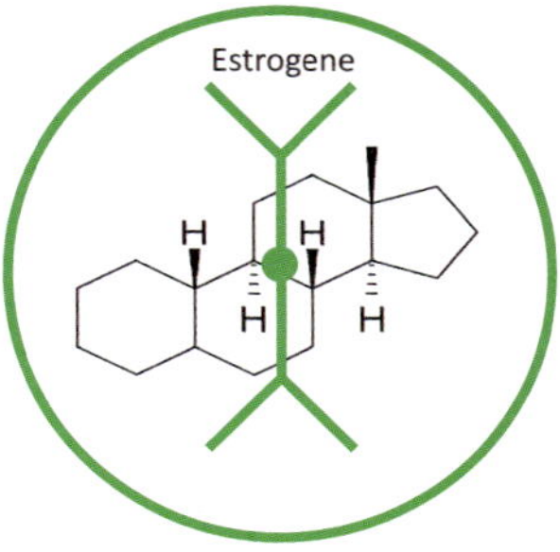
Estrogene
H
H
H
H

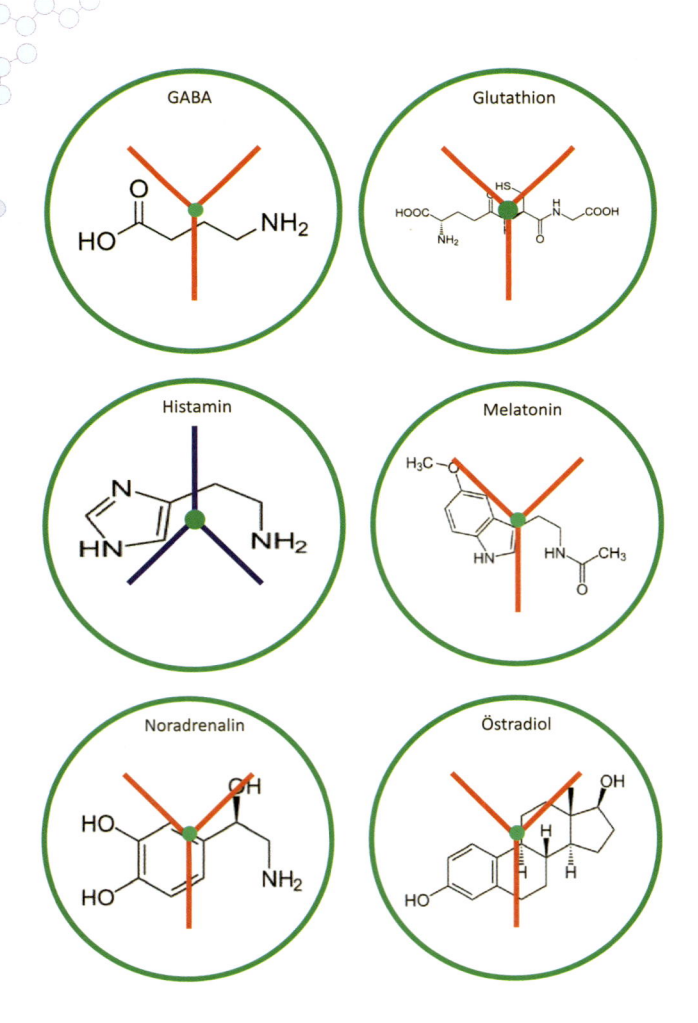

GABA	Glutathion
Histamin	Melatonin
Noradrenalin	Östradiol

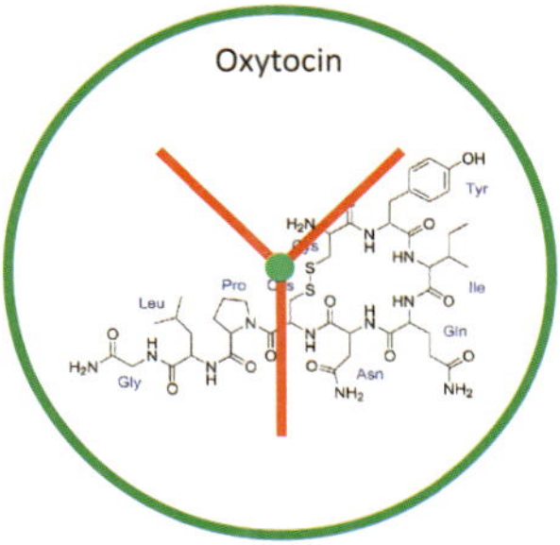
Oxytocin

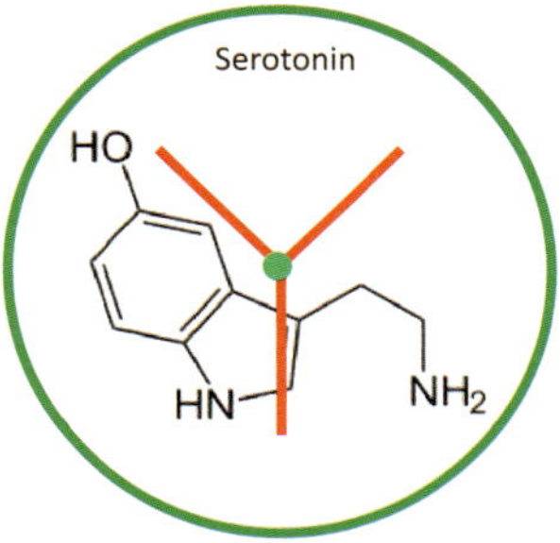
Serotonin
HO
HN
NH_2

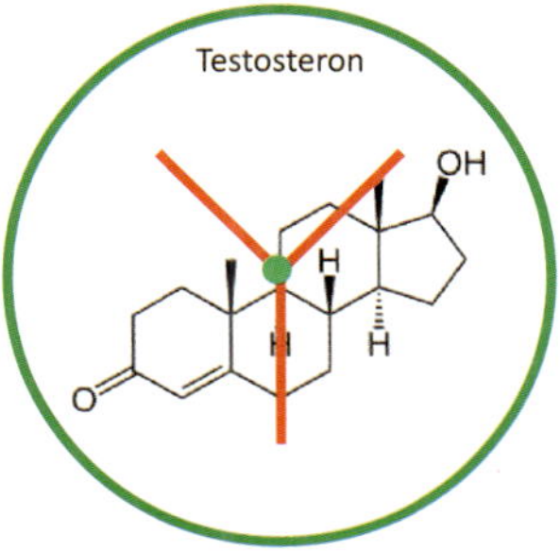
Testosteron
OH
H
H
H
O

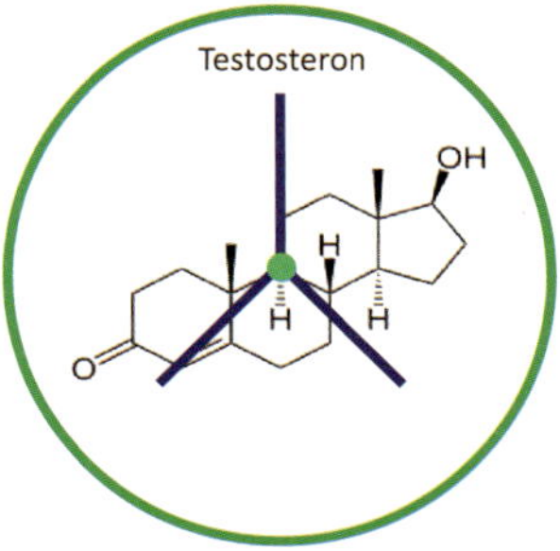
Testosteron
OH
H
H
H
O

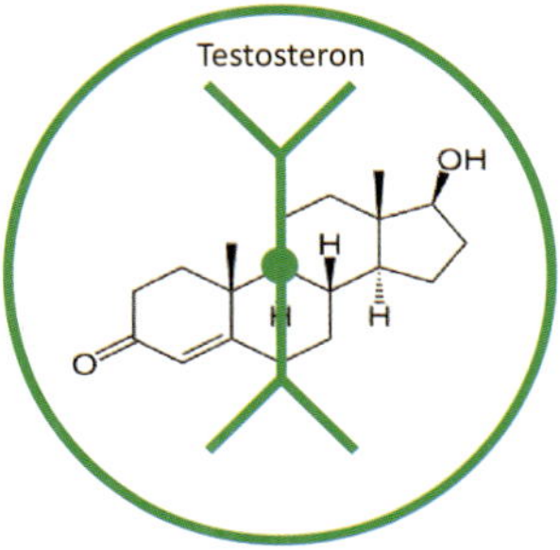
Testosteron
OH
H
H
H
O

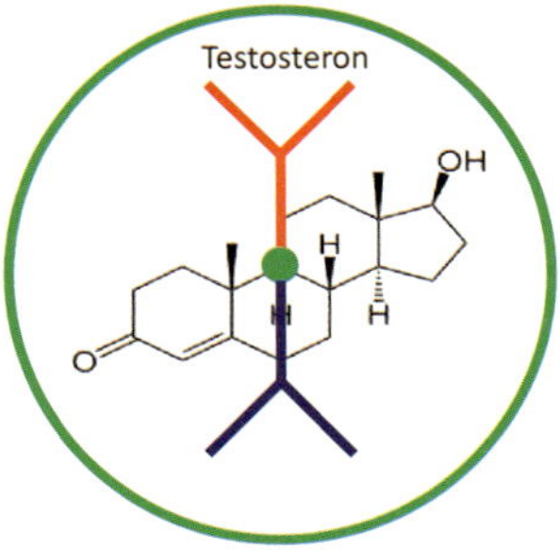
Testosteron
OH
H
H
H
O

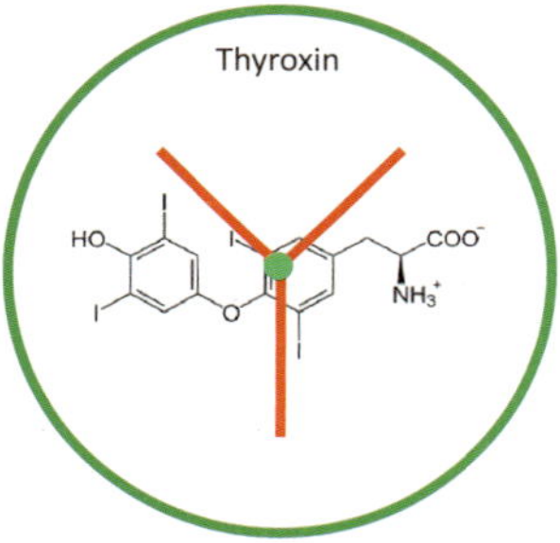
Thyroxin
HO
I
O
COO⁻
NH3+

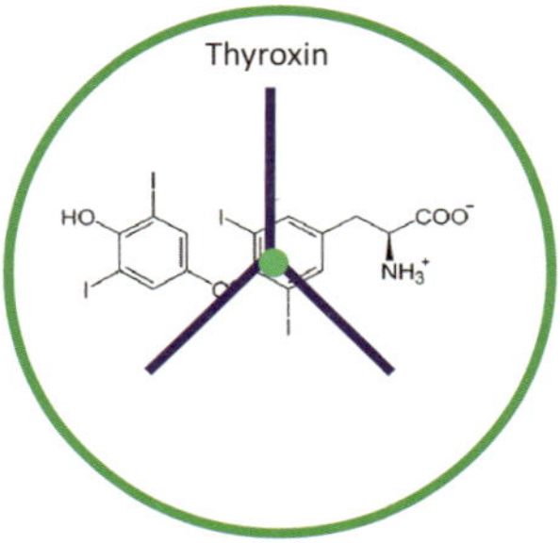
Thyroxin
HO
I
O
COO⁻
NH3+

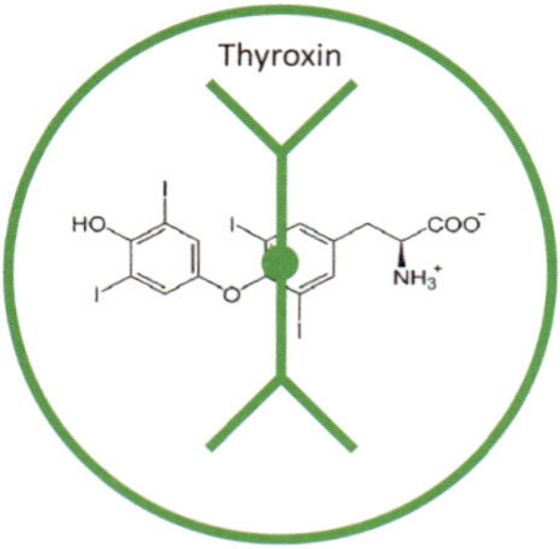
Thyroxin
HO
I
O
COO⁻
NH3+

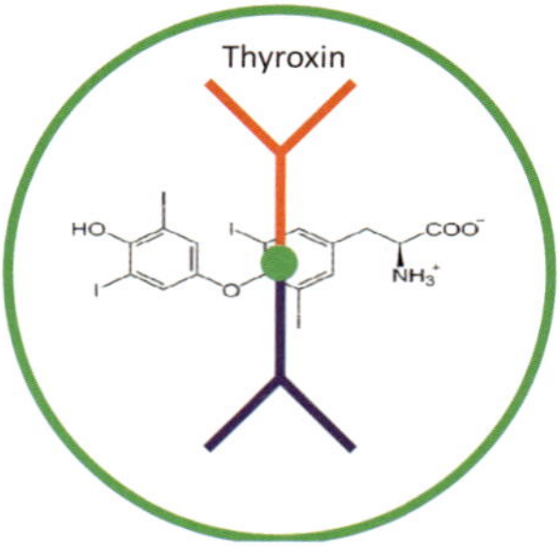
Thyroxin
HO
I
O
COO⁻
NH3+

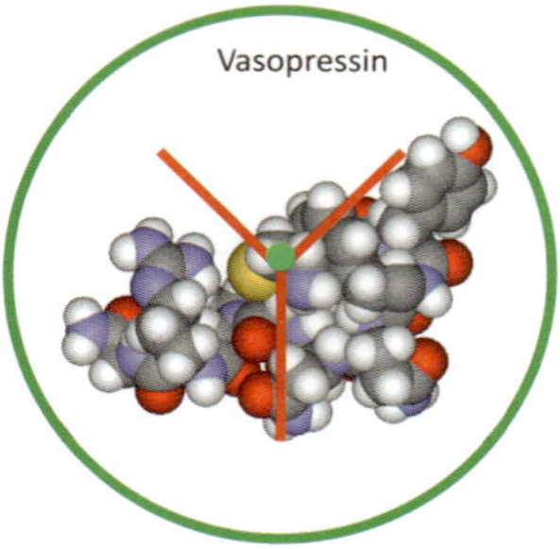
Vasopressin

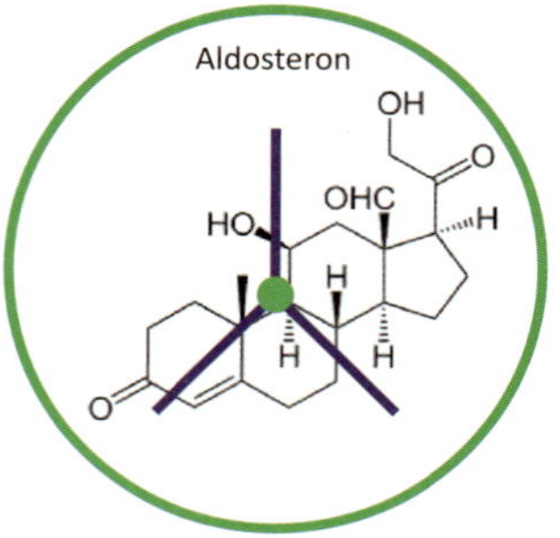
Aldosteron
OH
O
OHC
HO
H
O

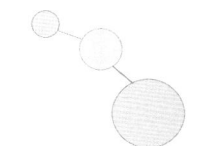

Allgemeine Schlussfolgerungen

Botenstoffe lassen uns Gefühle leben, Leistungen erbringen und Belastungen auch bei Schmerzen ertragen. Der Kreislauf kommt in Schwung, die Gesundheit verbessert sich. Ohne diese Botenstoffe würden bestimmte Prozesse in unserem Körper nicht funktionieren.

Wie bereits gesehen, führt ein rotes Ypsilon, rechtwinklig, gleichschenklig und nach oben offen, Energien zu und stärkt den Einfluss des namentlich aufgeführten Botenstoffes, charakterisiert durch die entsprechende molekulare Strukturformel. Ein blaues Ypsilon, rechtwinklig, gleichschenklig und nach unten offen, zieht Energie ab und schwächt den Einfluss des entsprechenden, namentlich aufgeführten und mit seiner Strukturformel repräsentierten Botenstoffes. Stellen Sie ein Glas Wasser auf die entsprechenden Informationen des Botenstoffes, dringen diese in wenigen Minuten in das Wasser ein. Indem Sie das Wasser nun austrinken, gehen die Informationen der Botenstoffe in den Körper hinein und beeinflussen diesen positiv.

HEILUNG ERFOLGT – LANGSAM, ABER STETIG.

Zuführen von wichtigen Botenstoffinformationen mit rotem, rechtwinkligen und nach oben offenem Ypsilon ist allgemein für die eingangs beschriebenen, sogenannten Glückshormone angezeigt.

DOPAMIN – GABA – SEROTONIN – MELATONIN

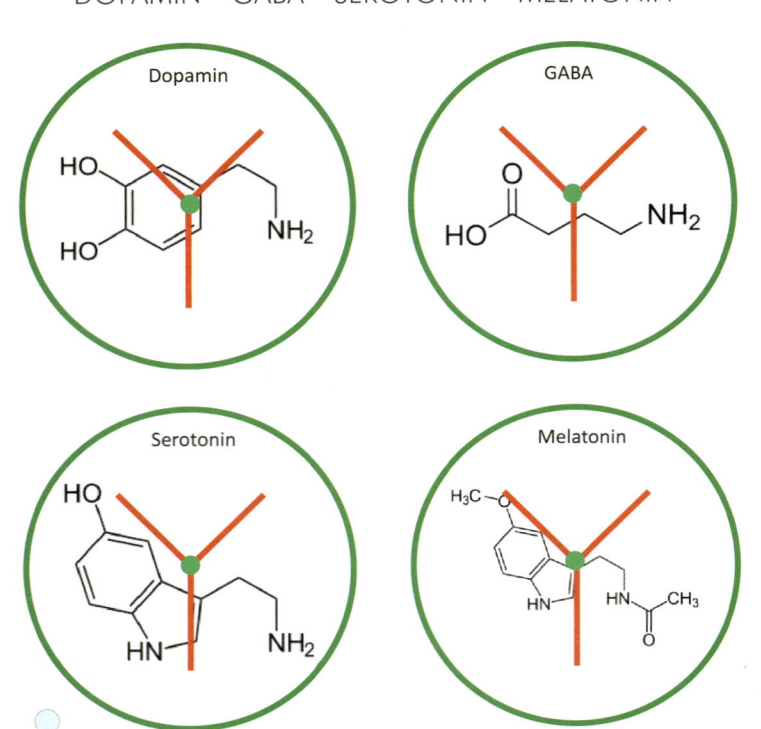

Wegnehmen von Potenzialen mit blauem, rechtwinkligen und nach unten geöffnetem Ypsilon ist allgemein für die sogenannten Stresshormone ADRENALIN und CORTISOL geboten.

Adrenalin

Cortisol

Spezialfälle wurden eingangs bereits behandelt.

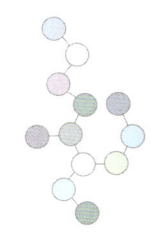

Abnehmen mit den richtigen Botenstoffen

»ZUCKER ist die gefährlichste Droge unserer Zeit, dennoch überall frei erhältlich«, stellte kürzlich PAUL VAN DER VELPEN, Chef des niederländischen Gesundheitsdienstes in Amsterdam, fest. Zucker rege den Appetit an und mache süchtig. Dieser Effekt sei vor allem beim Verzehr von industriell hergestellten Fertiggerichten zu beobachten, in denen fast immer große Mengen Zucker enthalten sind.

Die Zu- und Abnahme des Körpergewichtes hängt von der Verwertung der Nährstoffe ab und diese wiederum davon, inwieweit die Botenstoffe INSULIN, LEPTIN, CORTISOL und DOPAMIN vorhanden sind.

INSULIN gibt dem Körper die Information weiter, was mit den aufgenommenen Nährstoffen und Kalorien geschehen soll. Fette werden verbrannt, Kohlenhydrate und/oder Proteine lenkt Insulin in Form von Glukose (Fruchtzucker) und Aminosäuren zu den Muskeln, wo Glykogen aufgebaut wird. Dies findet vor allem bei viel körperlicher

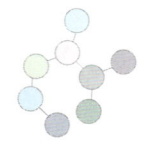

Bewegung statt. Der britische Nahrungsforscher JOSEPH HENSON stellte fest, dass Bewegungsmangel Insulinresistenz auslöst, zur Gewichtszunahme und langfristig zu Diabetes Typ 2 führt. Regelmäßige körperliche Bewegung scheint also für eine Gewichtsabnahme wichtiger zu sein als eine spezielle Diät.

LEPTIN steuert die langfristige Regulierung des Appetits. Das Proteohormon wurde erst im Jahre 1994 entdeckt. Es informiert den Hypothalamus im Zwischenhirn, dass die Energiespeicher im Körper gefüllt sind, woraufhin das Hungergefühl durch ein Völlegefühl ersetzt wird. Es ist auch im Hinblick hierauf ratsam, auf industriell hergestellte Fertiggerichte bzw. die in ihnen enthaltenen Süßstoffe zu verzichten.

Leptin hemmt u.a. auch die Herstellung des Stresshormons CORTISOL (Hydrocortison) in den Nebennierenrinden, was Auswirkungen auf das individuelle Belohnungssystem hat. Deshalb wird in Stresssituationen die eigene Kalorienzufuhr erhöht – weswegen die meisten Diäten unwirksam bleiben. Wichtig in diesem Zusammenhang ist vor allem ein regelmäßiger und ausreichend langer Schlaf.

Als Fazit lässt sich für ein optimales Körpergewicht festhalten, dass es ratsam ist:

- INSULIN und LEPTIN zuzuführen sowie
- gegebenenfalls CORTISOL abzubauen.

Am körperverträglichsten geschieht dies, indem man Gläser, die mit gutem Quellwasser gefüllt sind, mindestens fünf Minuten lang auf folgende Symbole stellt:

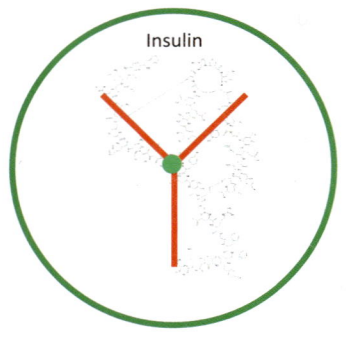

Insulin zuführen

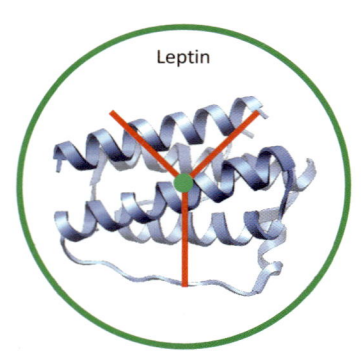

Leptin zuführen

Cortisol abbauen

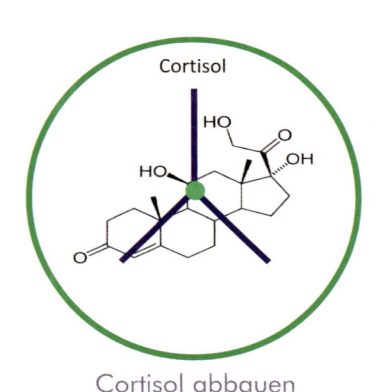

Das so informierte Wasser sollte – je nach Bedarf und was die »innere Stimme« einem rät – über den Tag hinweg regelmäßig getrunken und sofort wieder aufgefüllt werden, bis ungefähr zwei bis drei Liter konsumiert wurden.

Wichtig für die Gewichtsabnahme ist auch der bereits öfter erwähnte Neurotransmitter DOPAMIN. Er kontrolliert die Körperbewegungen, regt den Stoffwechsel an, reguliert das Körpergewicht, kontrolliert den Blutkreislauf, steuert den Informationsfluss im Gehirn, mindert Energieverlust, Lustlosigkeit und Depressionen. Die richtige Menge an Dopamin, die nötig ist, um dabei zu helfen, das Gewicht zu reduzieren bzw. zu halten, muss individuell ausgetestet werden. In den meisten Fällen muss es mit folgendem Symbol zugeführt werden.

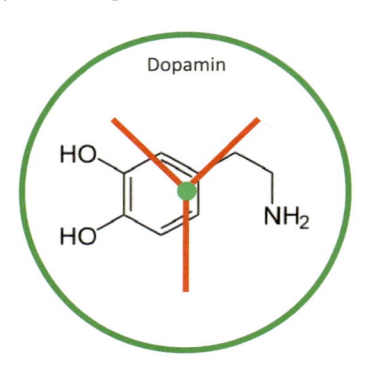

Es gibt aber auch die auf Seite 64 ff. erwähnten Sonderfälle. Die Produktion von Dopamin im Körper wird unterstützt, wenn man regelmäßig folgende Lebensmittel zu sich nimmt:

- Rote Bete, Äpfel, Eier, Fisch, Geflügel, Wassermelonen (-saft), Brokkoli, Blumenkohl, Linsen, Kichererbsen, schwarze Bohnen sowie Papaya, Bananen, Erdbeeren, Blaubeeren und Pflaumen

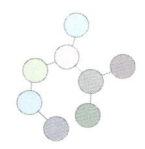

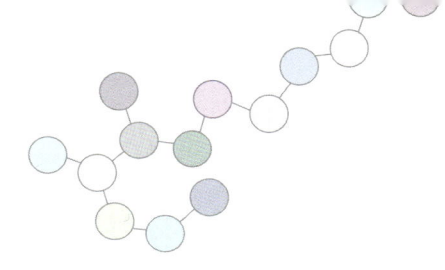

AUSBLICK

Eine bis ins hohe Alter andauernde gute Gesundheit ist des Menschen höchstes Gut. Wir alle haben unseren alternden, vergänglichen und sterblichen, physischen, grobstofflichen Körper nur als »dunklen Spiegel« bekommen, quasi als Leihgabe, um mit seiner Hilfe während der gegenwärtigen Inkarnation Lernerfahrungen machen zu können.

Also ist es wichtig, zu erkennen, dass unser physischer Körper unser bester Freund ist und uns anhand von Krankheiten zeigt, dass wir im Glauben, Denken und Fühlen – zumindest momentan – von der harmonischen Linie des eigenen Kosmischen Plans abgekommen sind. Das können wir jedoch über entsprechende positive Gedanken in jedem Moment (Zeit) und in jeder Hinsicht (Raum) immer wieder ändern, wenn wir diesbezügliche aufbauende, harmonische und positive Entscheidungen treffen und unser augenblickliches Leben entsprechend ändern.

Dabei hilft der folgende Gedankengang:

- BITTE -

1. »Ich habe ein Problem.« Störpotenzial anschauen, annehmen und die Verantwortung dafür übernehmen.
2. »Diesem Problem liegt ein Programm, also eine entsprechende Information zugrunde.«
3. »Jedes Programm kann ich in jedem Moment (Zeit) und in jeder Hinsicht (Raum) verändern.«
4. »Ich will, dass mein Problem (mein Negativprogramm) verschwindet.«
5. »So geschehe es!«

- DANKE -

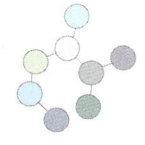

Bei diesem wichtigen Lernprozess helfen auf körperlicher Ebene

- ein Leben ohne Stress, Druck und Angst,
- eine harmonische, energiereiche Ernährung,
- regelmäßige körperliche Bewegung und Sport, möglichst im Freien,
- ausreichende Ruhephasen,
- freudvolle Freizeitbeschäftigungen und Hobbys,
- ein »Beruf als Berufung«,
- eine harmonische Partnerschaft mit »Geben und Nehmen« im Einklang,
- ein erfülltes Familienleben

usw.,

aber eben auch die aktive Auseinandersetzung mit den und die praktische Regulierung der benötigten Botenstoffe. Diese kosten nichts und bringen viel, vor allem – was die reale Erfahrung zeigt – GLÜCK UND GESUNDHEIT.

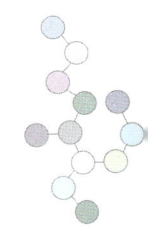

Dieses Buch soll Ihnen dabei helfen, auch diesen Weg einzuschlagen. Damit übernehmen Sie Verantwortung für Ihre eigene Gesundheit und Ihr persönliches Leben. Viel Freude und Erfolg damit wünscht Ihnen von Herzen

Ihr
Diethard Stelzl

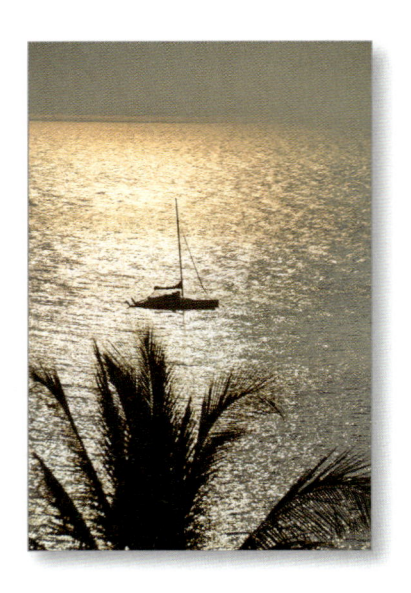

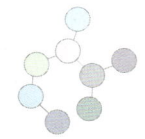

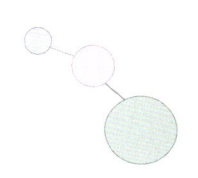

DIETHARD STELZL ist promovierter Nationalökonom. Er arbeitete über 20 Jahre lang weltweit als international anerkannter Textilunternehmer. Seit über 35 Jahren beschäftigt er sich in Theorie und Praxis mit HUNA, dem Gedankengut Hawaiis, und seit mehr als 40 Jahren widmet er sich spirituellen Fragen, dem Schamanismus, Mentaltechniken des positiven Denkens, Themen der Komplementärmedizin, Bioresonanztechniken, Licht und Farben, sakraler Geometrie, der Entwicklung des Lichtkörpers, intuitiver Steinheilkunde sowie alten Weisheitslehren.

Er ist Vortragsredner, Seminarleiter und Buchautor und lebt oberhalb des Millstättersees in Kärnten und auf der Götterinsel Bali.

Mehr Informationen erhalten Sie unter:

www.huna-seminare.at

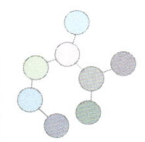

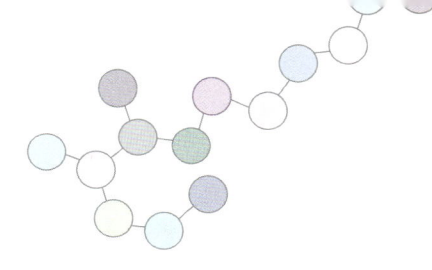

ANMERKUNG UND HINWEIS

Das in diesem Buch vorgestellte Konzept baut auf universalen Ordnungskriterien, schamanischen Erkenntnissen und den Erfahrungen jahrelangen theoretischen und praktischen Arbeitens auf. Sämtliche in diesem Buch beschriebenen Angaben und Empfehlungen erfolgen jedoch ohne jegliche Gewährleistung, Garantie oder Haftung seitens des Verlages, der Redaktion oder des Autors.

Es sei ausdrücklich darauf hingewiesen, dass weder das vorliegende Konzept als Ganzes noch Teilbereiche daraus eine ärztliche Betreuung und medizinische Behandlung ersetzen können oder wollen.

Die vorgestellten Techniken und ausgesprochenen Empfehlungen sollten mit dem jeweiligen Arzt des Vertrauens individuell durchgesprochen werden. Danach muss jeder Leser eigenverantwortlich entscheiden, was er tun möchte.

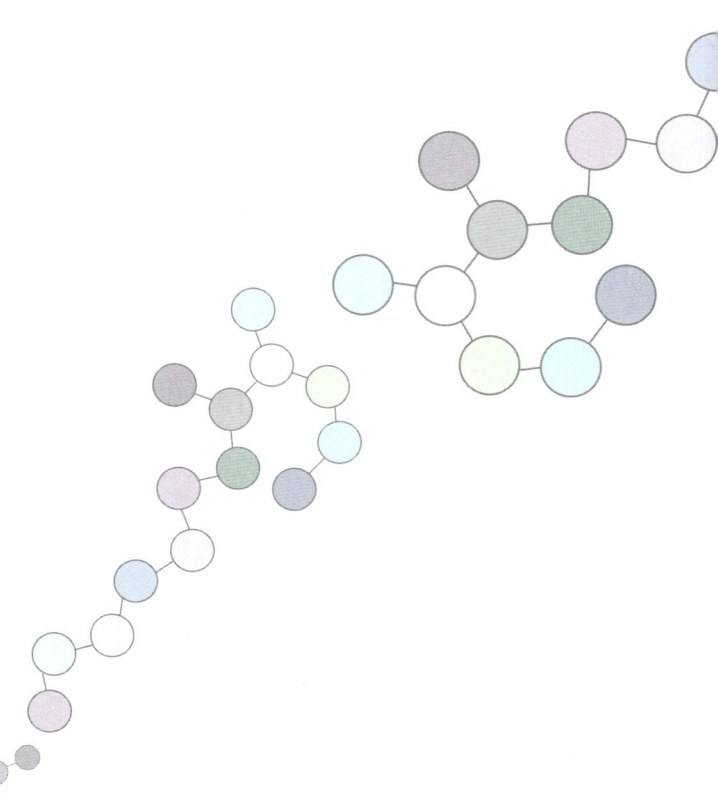

Scannen Sie dieses Bild mit Ihrem Smartphone ein, und laden Sie alle Symbole für die Regulierung Ihrer Botenstoffe herunter.

http://www.schirner.com/files/oc/9783843450928/Botenstoffe_Symbole.pdf